LE ROMAN DE RENAUD

DU MÊME AUTEUR

Le Roman de Renaud, préface de Jean Vautrin, Seghers, Paris, 1988.
Georges Brassens, histoire d'une vie, avec Marc Robine, préface de Renaud, Fixot, Paris, 1991.
Nos amis les chanteurs, Les Belles Lettres, Paris, 1992.
Nos amis les chanteurs 2, Le Retour, Les Belles Lettres, Paris, 1994.
Nos amis les chanteurs 3, La Totale, Les Belles Lettres, Paris, 1995.
Cent nouvelles d'elles, Les Belles Lettres, Paris, 1997.
La Peine de mort., Éditions du Rocher, Paris, 1999.
Textes bleus et textes d'hiver, préface de Patrick Besson et Lou Séchan, Lanctôt Éditeur, Montréal, 2000.
Renaud, bouquin d'enfer, Éditions du Rocher, Paris, 2002.
Renaud, sa vie et ses chansons, Seghers, Paris, 2003.
Venise en décembre, Éditions du Rocher, Paris, 2003.
À la recherche de Richard Brautigan, préface de Philippe Djian, Le Castor Astral, Paris, 2003.
La Levantine, Éditions du Rocher, Paris, 2003.
Paris-Montréal express, Éditions du Rocher, Paris, 2003.
Théâtre (Hôtel Westminster, suivi de *Le Voyage à Venise)*, Éditions du Rocher, Paris, 2003.
Textes verts et textes divers, préface de Pascal Sevran, Éditions du Rocher, Paris, 2005.

THIERRY SÉCHAN

LE ROMAN DE RENAUD

Préface de David Séchan

Collection dirigée par Stéphane Loisy

Tous droits de traduction, de reproduction et d'adaptation réservés pour tous pays.

© Éditions du Rocher, 2006.

ISBN 2 268 05715 1

À notre père Olivier Séchan
À Malone Séchan

*On ne devine pas son époque à la forme de son chapeau,
mais au son de sa chanson.*

A̲ntoine T̲udal, *de Staël.*

Renaud souffle du vent. Renaud donne le ton. Renaud ouvre grand les fenêtres. Et c'est salutaire. Parce qu'il est le dernier des grands chanteurs-poètes. Et parce qu'un « poète, ça grogne », disait Léo Ferré. Voilà qui dérange les bonnes âmes... Renaud, lui, renaude. Il porte l'indignation plantée au cœur de son prénom ; « renauder », en effet, vient de Renaud, ou de renard, d'après le cri de l'animal, et signifie « protester avec mauvaise humeur ».

B̲aptiste V̲ignol,
Tatatssin, parole de Renaud.

PRÉFACE

*L'on ne peut goûter à la saveur
des jours que si l'on se dérobe
à l'obligation d'avoir un destin.*

E.M. Cioran

J'ai deux frères en ce bas monde. L'un s'appelle Thierry et l'autre Renaud, dans l'ordre d'apparition sur notre planète bleue. Ces deux-là sont complices et ce singulier tableau fraternel est constitué par une proximité physique et intellectuelle peu ordinaire.

Thierry et Renaud sont auteurs et peu de genres ont échappé à leurs talents croisés. Ainsi, et tout naturellement, Thierry est-il devenu le biographe attitré de Renaud. Exercice alimentaire, dirait ironiquement notre cher Watson, mais il se tromperait, car nul comme Thierry ne possède cet art insigne et déroutant de se mettre en scène à l'instar du sujet de sa biographie. Thierry, surtout, ne boit jamais quand il écrit, ce qui explique sans doute qu'il écrive si lentement. Son sentiment est qu'il vaut mieux devenir un alcoolique anonyme qu'un écrivain du même nom... Ses propos sont donc généralement pesés et mûrement réfléchis, ce qui retarde d'autant la remise de ses tapuscrits, au grand désespoir de Monsieur SL, son jeune et sémillant directeur de collection aux Éditions du Rocher, qui lui ne boit que de l'eau.

On appelle souvent volontiers Thierry « *le vieux* », parce qu'il est le plus âgé des frères, et Renaud « *l'idole* » car il ne vous aura pas échappé que c'est une figure que le public aime passionnément. Pour le premier, le temps qui passe confirme chaque jour davantage la pertinence du sobriquet, et pour le second, la notoriété inoxydable justifie à elle seule cet encombrant surnom. Renaud a depuis toujours multiplié les sobriquets : « *cheveux jaunes* », « *l'asticot* », « *Renard* », « *Caligula* » et j'en oublie. Concernant Thierry, je n'en connais qu'un autre, plus ancien : « *Gaspille le Magnifique* ». C'est peu dire si ce gentil surnom lui va comme un gant, car, comme il le confie lui-même : J'ai dépensé quatre-vingt-quinze pour cent de mon argent en alcool et en femmes ; le reste, je l'ai gaspillé. »

S'il est vrai qu'on ne choisit pas ses parents, on ne choisit pas non plus sa place au sein de la famille. Ainsi, Renaud (né second jumeau) était le cadet, mot qui vient du gascon et qui signifie chef de bande dans ce dialecte de langue d'oc. Cadet de Gascogne, donc, puisque notre patronyme provient en droite ligne de cet ancien duché français qui fut uni à l'Aquitaine en 1052, soit neuf siècles exactement avant la naissance de Renaud.

Traditionnellement, le cadet de Gascogne explore le monde extérieur, et il remet en cause la place de l'aîné. C'est sans doute là que le bât a blessé pour Thierry qui, privé de ses prérogatives tutélaires, a choisi d'accompagner Renaud dans toutes les étapes de sa carrière pour ne pas en perdre une goutte. Et des gouttes, il en a eu (et il en a bu), et de toutes les couleurs même ! Il en a reçu des giclées comme autant de parpaings... Car s'il a souvent la gueule de bois, il n'a pas l'habitude de manier la langue du même type. Privé de parapluie, Thierry a pris son rôle de paratonnerre de son frère avec beaucoup de sérieux, si bien qu'à force d'outrances diverses et de lâchers d'anathèmes excessifs (*sic*), il est devenu *persona non grata* dans l'univers claquemuré et rancunier du show-bizz. Mais, l'excommunication, il n'en a cure, car sa foi protestante le met à l'abri de l'arbitraire sanction papiste. Par contre son foie, pas très catholique lui non plus, mériterait pour l'exemple une bonne cure...

Thierry, donc, raconte Renaud. Mais qui racontera un jour Thierry ? Il me semble que l'entreprise est vaine, car celui-ci est définitivement inénarrable. Bukowski, peut-être – s'il n'était déjà mort – aurait pu s'y essayer, bien que son ironie et son cynisme fassent figure de molles fanfaronnades au regard de l'exubérant vécu du « *vieux* ».

Personne ne pourrait, je vous dis, ou bien alors Renaud, qui par un juste retour des choses nous dévoilerait ainsi les hauts et les bas de cette intrigante complicité. En attendant cette improbable livraison, lisons un peu et enrichissons-nous de la vie du chanteur énervant, qui, je vous le confirme, est de plus en plus énervé… Et c'est tant mieux !

David Séchan.

PROLOGUE
EN FORME D'INTERROGATOIRE
DE POLICE

« Vous vous appelez Thierry Séchan ?...
– Je crois. Mais on m'appelle aussi Monsieur, ou Monsieur frère, comme le duc d'Orléans, le frère de Louis XIV.
– Oui, vous êtes le frère de Renaud, l'artiste aux seize millions d'albums vendus...
– Je tiens à préciser que je suis aussi le frère de David, un garçon très bien.
– Peut-être, mais il ne chante pas !
– Non, il est éditeur de musique.
– Vous-même, vous êtes parolier...
– À mes heures. Parolier du dimanche. Quand ça me chante. Je suis davantage écrivain.
– Un écrivain qui a écrit six livres et de nombreux articles sur son frère... Vous ne trouvez pas que ça fait beaucoup ?
– Quand on aime, on ne compte pas. »

Le commissaire du peuple esquisse un sourire.

« Renaud, c'est votre fonds de commerce ?

– Non. Comme le disait ma première épouse, mon fonds de commerce, c'est ma tristesse.

– Ah !…. Et ça rapporte beaucoup, la tristesse ?

– Des milliers de larmes d'or.

– Vous payez vos loyers et vos pensions alimentaires en larmes d'or ?

– Non. Avec mon sang.

– Ah !… Le fameux "Écris avec ton sang" de Friedrich Nietzsche… »

L'auteur en garde à vue, surpris :

« J'ignorais que les commissaires du peuple lussent Nietzsche…

– Vous ignorez tant de choses…

– Plus que vous ne pensez. »

Le commissaire soupire.

« Mais revenons à nos chèvres…

– À nos moutons.

– Pardon ?

– On revient à ses moutons, pas à ses chèvres.

– Je ne comprends pas… Dans sa chanson *Déserteur*, votre frère écrit : "On fait pousser des chèvres"…

– C'est une licence poétique.

– Ah…

– Vous n'entendez rien à la poésie, n'est-ce pas ?

– J'avoue que… »

L'auteur, l'interrompant :

« Ah ! Vous avouez ! »

Le commissaire du peuple, furieux :
« Ce n'est pas à moi d'avouer, jeune homme ! C'est à vous !
— Que devrais-je avouer ?
— Six livres sur Renaud !.... Avouez que vous tirez sur la corde !
— J'avoue... La corde... *Ad restim mihi res redit.*
— Pardon ?
— C'est du latin. De Térence, un poète comique latin. Le Larousse dit bien : "comique".
— Et cela signifie ?
— "Il ne me reste plus qu'à me pendre."
— N'exagérons rien. Contentez-vous de ne plus écrire sur votre frère.
— Promis. »
Le commissaire, l'air navré :
« Je ne comprends pas... Outre cette pléthore de biographies de Renaud, vous avez écrit une dizaine de livres et une centaine de chansons. Pourquoi Thierry Séchan — et non "le frère de Renaud" — n'est-il pas plus connu ?
— Je ne suis pas un inconnu, mais je cache ma renommée dans les tavernes.
— Alcoolique ?
— Chronique.
— Ça se soigne.
— Et la vie ?
— Hein ?
— Et la vie, ça se soigne ?
— Désespéré...

— Et désespérant.
— Pourquoi ne pas vous suicider ?
— La vie est un long suicide, commissaire. Et puis, comme disait à peu près Cioran : On se suicide toujours trop tard. »

Le commissaire du peuple, agacé :

« Vous n'avez donc pas d'ambition, pas de projets ?
— Si. J'ai mes trois filles à aimer, mille jeunes femmes à étreindre et trente-trois livres à écrire.
— Bien. Je suis rassuré. Je vous demanderai de signer votre déposition.
— Dès demain. »

I
PREMIERS PAS DANS LA VIE
1952-1974

Le 11 mai 1952, un scarabée est mort et Renaud est né. Au joli mois de mai... Plus que tout autre mois de l'année, ce mois de printemps aura une importance considérable dans l'existence de l'artiste.

En attendant, c'est dans une clinique du XVe arrondissement de Paris que Renaud voit le jour, quelques minutes après David, son jumeau. David naît à trois heures vingt, il pèse 3,020 kg. À trois heures trente, Renaud se décide à entrer en scène, il fait 2,990 kg. « À eux deux, ils faisaient quand même six kilos », commentera fièrement notre maman. Curieusement, David conservera sa vie durant cette légère différence de poids. Il sera toujours le « costaud » de la famille, plus que Renaud et moi réunis.

Mais pourquoi venir au monde dans le XVe arrondissement, alors que nous vivions alors dans le XIVe, alors que notre sœur Nelly et moi-même sommes nés dans cet arrondissement qui nous est si cher ?

Notre maman : À cause de mon obstétricien, le Dr Sauvanet. Quand il a vu que j'allais avoir des jumeaux, il m'a conseillé d'accoucher dans une clinique. Pour Nelly, en juin 1947, et pour toi, en septembre 1949, j'avais accouché avec une sage-femme.

Je suppose qu'il est plus délicat d'accoucher de jumeaux…

L'auteur : Et pourquoi ces prénoms, David et Renaud, si incongrus à cette époque ?

Notre maman : C'est moi qui les ai choisis. Renaud, c'est à cause d'une chanson que me chantaient ma grand-mère et ma mère : « Quand le roi Renaud de guerre revient/Tenant ses tripes dans ses mains. » Je trouvais cette chanson tellement triste que je pleurais chaque fois que je l'entendais. C'était magnifique, Renaud. Et il n'y en avait pas ! Alors j'ai dit : « Ce sera Renaud ! »

L'auteur : Et David ?

Notre maman : Au début, David devait s'appeler Bruno. Quand j'ai vu qu'il était si blond, je me suis dit : « Non, ce n'est pas possible. » Avec son nez grec, il me faisait penser au David de Michel-Ange. Tu sais, quand il est né, j'avais mis une photo au-dessus de son berceau [1] : un ange de Raphaël [2]. J'aurais dû l'appeler Raphaël, car c'était un ange de Raphaël. Mais c'était aussi le David de Michel-Ange… »

Caroline, la fille de David, a hérité du beau profil grec de son papa.

---

1. Voir *En cloque* et Arthur Rimbaud, où l'on voit, précisément, que Renaud, inconsciemment, a piqué l'idée chez sa maman…

2. Voir *Tu seras comme le ciel*, chanson de Thierry Séchan.

L'auteur : Tu peux me parler des premiers mois ? Où habitions-nous, Christine, Nelly, moi, David et Renaud ?

Notre maman : On habitait chez mes beaux-parents, Louis et Isabelle – dite Belou –, rue Monticelli, dans un immeuble de la Régie immobilière de la Ville de Paris réservé aux enseignants. Nous disposions de deux pièces pour nous sept...

Heureusement, votre père était professeur, et votre grand-père, un illustre universitaire. Aussi avons-nous obtenu assez rapidement un grand appartement, dans le même carré d'immeuble de la RIVP, avenue Paul-Appell.

L'auteur : Donc, vous déménagez au cinquième étage du 6 avenue Paul-Appell, avec les cinq enfants, dont deux bébés... Comment meublez-vous l'appartement ?

Notre maman : C'était si grand... au début, nous n'avions que des lits, et puis le bureau et le fauteuil où votre père écrivait. Tu vois ce grand double-living : il est resté vide pendant un an.

L'auteur : Papa est professeur d'allemand au lycée Colbert, je crois...

Notre maman : Non, pas à Colbert. À Mantes-la-Jolie.

Notre père : Chef-lieu d'arrondissement des Yvelines. Charmant. Quand même délicieux à côté de Charleville, où j'avais enseigné juste après la guerre[1].

---

1. Mais quelle idée aussi d'enseigner l'allemand en 1952 !

Notre maman : Ton père fait l'aller-retour en train trois ou quatre fois par semaine. Le reste du temps, il écrit.

L'auteur : Après avoir écrit une dizaine de romans psychologiques qui lui valurent le prix Cazes et le prix des Deux-Magots, ainsi que d'excellents romans policiers, il écrit maintenant des livres pour la jeunesse... Bibliothèque rose, Idéal-bibliothèque...

Notre maman : Il écrit tous les jours ! Tous les soirs ! À peine est-il rentré, après avoir répété cent fois *der, die, das*, à ses élèves, qu'il s'enferme dans son bureau. Et il écrit, il écrit, pendant que moi, je m'occupe des jumeaux, et puis de toi, qui n'as pas trois ans, et de Nelly, qui va sur ses six ans... Heureusement, à dix ans, Christine se débrouille à peu près toute seule !

L'auteur : Et papa fume en écrivant ! Des cigarettes grecques, je crois ?

Notre maman : Oui, hélas ! Il fume des Hellas. Il en fume beaucoup.

L'auteur : Et l'enfance passa...

Notre maman : Oui, elle passa, heureuse, avec vos petites maladies, bien sûr... Quand l'un de vous attrapait une maladie contagieuse, il la repassait immédiatement aux autres, et ça durait une éternité ! La rougeole, par exemple. (Elle feuillette les cahiers où elle consignait les événements marquants de notre enfance.) Nelly l'a attrapée le 15 mars 1954. Elle l'a repassée à Renaud le 25 mars, et Renaud à David le 30 [1] !

---

1. Commentaire de l'auteur : voilà une information intéressante pour les fans !

L'auteur : Les années passent, douces comme velours et soie... À quel âge les jumeaux entrent-ils à la maternelle ?
Notre maman : À cinq ans.
L'auteur : La maternelle de la rue Sarrette ?
Notre maman : Oui. Ils voulaient aller à l'école et, quand ils y arrivent, ils se mettent à pleurer tous les deux. La maîtresse me dit : « Ramenez-les chez vous et essayez de nouveau cet après-midi. » Nous rentrons par la rue du Père-Corentin et je leur dis : « Mais enfin, pourquoi vous pleurez ? Vous vouliez aller à l'école comme Thierry, comme Nelly, comme Christine ! Alors ? » Et David pleurniche : « C'est Renaud qui ne veut pas y aller ! » Et Renaud pleurniche : « C'est David qui ne veut pas y aller ! » Je leur pose la question : « Vous voulez y aller, oui ou non ? » « J'y vais, si David y va », dit Renaud. Et David : « J'y vais si Renaud y va... » Je les ai ramenés rue Sarrette, la maîtresse a souri, et ils se sont très bien habitués à l'école.
L'auteur : Comment étaient-ils à l'école ?
Notre maman : Très sages, très sages. Ils ont très vite appris à lire et puis, l'année suivante, ils sont passés au cours préparatoire, où ils ont appris à écrire tous les deux.
L'auteur : Donc, ils étaient plutôt bons élèves...
Notre maman : Oui, plutôt bons. Renaud, surtout. Enfin... ils passent tous les deux en sixième au lycée Gabriel-Fauré, dans le XIIIe arrondissement, où votre père est alors professeur.

L'auteur : Ils font de l'allemand tous les deux ?

Notre maman : Non, non ! Il n'y a que David qui fasse de l'allemand. Renaud fait de l'anglais.

L'auteur : Hum... À quel moment commencent-ils à décrocher ?

Notre maman : En quatrième. Ils vont redoubler leur quatrième. Trop de copains. Et puis, ce n'était pas un bon quartier...

L'auteur : À quel moment sont-ils virés de Fauré ? Et où vont-ils ?

Notre maman : Ils entrent tous les deux en troisième à Montaigne. Ils sont dans la même classe, mais pas dans la même section. On les a séparés.

L'auteur (goguenard) : Ils ne font pas grand-chose, hein ?

Notre maman : Ah, non ! Ils se laissent vivre ! Ils ne pensent qu'à draguer et militer !

Oisive jeunesse...

Dimanche 11 mai à la con [1]

Le dimanche 11 mai 1952, un scarabée est mort et Renaud est né, disais-je. Mais encore ? S'est-il passé

---

1. Cf. *Les dimanches à la con*, de Renaud.

quelque chose d'autre d'important en France et dans les restes du monde ? À vrai dire, pas grand-chose. La lecture de *l'Écho républicain de la Beauce et du Perche* nous renseigne largement. Sur trois colonnes à la une, ce titre : « Le traité instituant une communauté européenne de défense a été paraphé par les Six. Aucun recrutement allemand n'aura lieu avant ratification ». Bien. C'est intéressant. Juste en dessous, la photo de deux gradés américains, ainsi légendée : « Le général américain Francis T. Dodd (à g.), en février dernier, examinant avec le major général Stevenson une cravache faite avec des fils de fer barbelés saisis dans le camp. » Un camp de concentration, naturellement. Tout de même : quelle ingéniosité, ces soldats allemands ! Heureusement que maintenant, en 1952, ils sont avec nous ! Oui, heureusement, d'autant que la lecture des deux colonnes de droite donnent froid dans le dos. En gros titre : « Un rapport de l'amiral Fechteler sur la politique américaine en Méditerranée. » Suivent ces lignes : « L'idée essentielle de ce rapport est qu'étant donné les conditions dans lesquelles s'engagerait une nouvelle guerre mondiale, il serait absolument indispensable pour les États-Unis de faire de la mer Méditerranée et des pays riverains de cette mer une zone de préparatifs navals, aéronautiques, politiques et économiques. Or, l'amiral Fechteler estime que la guerre est inévitable avant 1960 et que celui qui tiendra Gibraltar, Suez et les Dardanelles remportera la victoire. »

1960 ! Oups ! Renaud n'aura jamais le temps d'enregistrer un premier disque ! Et moi, dois-je renoncer à ma collection de figurines Mokarex ? Sale temps pour les mioches !

Et, à part la Troisième Guerre mondiale qui se préparait, que se passait-il en 1952 ?

Renaud est né « sous » Pinay. Mais qui était donc ce bon M. Pinay, chef du gouvernement entre le 8 mars et le 22 décembre 1952 ?

Antoine Pinay, c'est l'homme du « miracle » Pinay. Le « miracle » Pinay, c'est d'abord la réduction de la hausse des prix et le retour de la confiance des épargnants, en partie grâce à l'amnistie fiscale (retour des capitaux expatriés). Ensuite, c'est le succès de l'emprunt indexé sur l'or. Enfin, c'est la création de l'échelle mobile des salaires (8 juillet 1952) et la loi sur l'assurance vieillesse des agriculteurs.

Renaud naît donc dans une France en plein redressement économique. Il ne faut pas oublier que c'est le gouvernement d'Henri Queuille qui, fin 1949, mit fin au rationnement.

Une France qui se redresse grâce au Plan Marshall (*European Recovery Program*) : de 1948 à 1952, les États-Unis prêtèrent ou donnèrent treize milliards de dollars à la vieille Europe. La France bénéficiera de 21 % de cette manne.

Né en 1952, Renaud n'est pas à proprement parler un *baby-boomer*, mais un enfant de l'après-guerre. Nelly et moi-même, nés respectivement en 1947 et en 1949, sommes d'authentiques enfants du *baby-boom*. Je naquis avec les derniers tickets de rationnement, que notre mère a soigneusement conservés. En 1945, de Gaulle avait fixé un objectif impératif pour la France : « Douze millions de beaux bébés en quinze ans. » Renaud en fit partie.

Malgré les revenus modestes de notre père, nous fûmes relativement privilégiés. En 1952, en effet, seulement 4 % des Français vivaient dans des logements équipés de tout le confort moderne : eau, gaz, électricité, salle de bains ou douche. Nous fîmes partie de cette infime minorité.

Et à part ça, que se passe-t-il dans le monde d'un point de vue strictement culturel ?

Aux États-Unis, une bombe : 1952 voit la naissance du *rock'n'roll* ! C'est le *disc-jockey* Alan Freed qui passe en radio les premiers disques de *rock'n'roll*. Les *teenagers* plébiscitent !

Et en France, alors ? En France, mieux que l'arrivée du *rock'n'roll* : la sortie du premier 25 cm de Georges Brassens, *Le gorille*. Premier passage également, sur la scène des Trois Baudets du père fondateur de la chanson française. L'accueil est mitigé...

C'est à travers de larges grilles
Que les femelles du canton
Contemplaient un puissant gorille
Sans souci du qu'en-dira-t-on.

Nous aussi, nous pouvions « lorgner » la pochette du précieux vinyle, mais pas question d'écouter ! En protestant puritain qu'il était, notre père nous interdisait d'écouter les chansons les plus crues de Brassens à la maison. Bien des années plus tard, en 1966, il couperait la radio (Europe n° 1) chaque fois qu'on entendrait *L'amour avec toi*, de Michel Polnareff... Et l'on s'étonne, après, qu'on ait fait Mai-68 !

Côté cinéma, c'était le triomphe de *Jeux interdits*, de René Clément. Snif ! En 1980, Renaud évoquerait le fameux air gnangnan dans *La boum* :

> *Un pauvr'type sur sa gratte*
> *Jouait « Jeux interdits »*
> *Y'avait même une nana*
> *Qui trouvait ça joli.*

Passons...

Les poètes de sept ans

Et la Mère, fermant le livre du devoir,
S'en allait satisfaite et très fière, sans voir,
Dans les yeux bleus et sous le front plein d'éminences,
L'âme de son enfant livrée aux répugnances.

Renaud ne fut pas Rimbaud, mais ce fut un enfant rêveur, très vite attiré par les choses de l'esprit. Tandis que David fortifiait son corps, Renaud fortifiait son esprit. Émerveillé par le travail de notre père à sa machine à écrire – la vieille Remington des romans noirs, puis une moderne Olympia –, il se met à écrire, lui aussi. Des poèmes – l'un d'eux sera publié dans le journal du lycée ! –, puis un « roman » inédit à ce jour. Commençons par un premier poème, le fameux « Poème pour la Fête des Mères » (instituée par Pétain, rappelons-le, mais bon… on n'allait pas mettre les fleuristes en faillite en 1945 !) :

Merci, Maman,
Pour les nuits de nos maladies,
Pour les bons gâteaux que tu fais,
Pour les soirs auprès de la lampe,
Quand tu recouds nos tabliers,
Merci, Maman

Pour la soupe et le lait bien chauds,
Pour le feu qui salit tes mains,
Pour la lessive qui les gerce,
Merci, Maman

Pour le creux douillet de tes bras,
Pour la musique de ta voix,
Pour les chants qui nous ont bercés,
Pour les pleurs que tu as versés,
Merci, Maman

Pour le travail de chaque jour,
Que tu fais avec tant d'amour,
Merci, Maman.

Putain ! Pas une faute d'orthographe ! Douée, la maîtresse ! Le poème est daté du samedi 28 mai 1960. Notre future star a huit ans.

On notera que le contenu idéologique du poème demeure ouvertement pétainiste. En 1960, la femme au foyer bosse et s'occupe des enfants, point final ! On est encore loin du MLF et de la révolution féministe.

Le délicieux poème est suivi d'un autre, fort heureusement beaucoup plus court :

Ma chère et heureuse maman,
Je te souhaite une bonne fête,
Je t'aiderai à faire la vaisselle,
Je ferai mon lit tout seul,
Je ne te ferai pas de chagrin,
Je serai sage avec toi,
Et surtout je ne serai pas grossier.

Oh ! le menteur ! À part Brassens et Pierre Perret, aucun chanteur n'a utilisé autant de « gros mots » que lui !

Et voici le poème publié dans le journal du lycée Gabriel-Fauré, lorsque Renaud « fait » sa troisième [1].

Une porte... Un verrou... Une fenêtre...
Des barreaux.
À gauche, un mur blanc. À droite...

---

1. Il « fait » sa troisième comme les touristes japonais « font » l'Italie en trois jours, la France en quatre...

Un autre mur blanc.
Devant, derrière, des murs
Tout blancs.
Il y a un homme, là, sur le lit.
Un Noir.
Il rêve, allongé, à ce que serait sa vie
S'il n'était noir.
Il se lève, cet homme, et il marche,
Il marche d'un bout de la pièce
À l'autre,
Car la pièce est petite,
Car à la porte, il y a un verrou, à la fenêtre
Il y a des barreaux,
Et car les murs sont blancs,
Tout blancs...
Cet homme marche pendant le jour, cet homme marche
Pendant la nuit.
Il marche, il marche sans s'arrêter.
Jamais !
Mais si, toujours, il reste ici, un jour pourtant
Il s'arrêtera de marcher.
Et ce jour-là,
Il n'y aura plus de barreaux, plus de verrou,
Plus de murs blancs,
Plus de murs blancs derrière, plus de murs blancs
Devant.

Bon, ce n'est pas *Hexagone,* mais ce n'est pas si mal, malgré tout. Et puis, ce poème n'était-il pas vaguement prémonitoire ? Ce Noir derrière ses barreaux, n'était-ce pas Nelson Mandela, pour qui Renaud chantera, bien des années après ?

Et maintenant, passons à l'un des premiers romans de Renaud, écrit à quatorze ans sur la machine à écrire de notre père et intitulé « La troisième évasion de Brown ». Ce n'est pas avec ces quelques pages qu'il aura le prix Goncourt des lycéens, mais enfin, c'est plutôt bien construit [1].

Chapitre 1

L'aventure commença un soir de septembre 1960, dans les bureaux de Scotland Yard. Mac Schultoc, plongé dans son travail, examinait avec attention les nombreuses paperasses étalées sur sa table. Il pressa le bouton de son parlophone :

« Envoyez-moi le dossier Brown dans mon bureau, s'il vous plaît. »

Quelques instants plus tard, un homme d'un certain âge entrait dans la pièce, tenant dans sa main le dossier en question.

« Il va en avoir gros dans son casier judiciaire, ce Brown. Vous avez lu les journaux ? Ils donnent tous les détails sur sa nouvelle évasion.

---

1. Comme nous le verrons, Renaud a le génie de la construction, auquel il doit une importante partie de son succès.

– J'en sais certainement plus long qu'eux, c'est moi qui m'occupe de son affaire.

– Pffttt ! Je vous plains, mon vieux. Ce gars-là ne se laisse pas pincer facilement.

– N'ayez pas peur, j'ai ma petite idée. Bon ! Voyons ces dossiers... Vous pouvez disposer. »

Pendant plus d'une heure, il examina le casier judiciaire de Brown et, vers sept heures du soir, il s'en alla et rentra chez lui.

Quand il ouvrit sa porte, il eut l'agréable surprise de voir que son fidèle ami, David Stiewart l'attendait, confortablement installé sur un fauteuil.

« Ça alors ! Stiewart ! Quel bon vent t'amène ? Et par où es-tu entré ?

– Exactement comme Brown est sorti du pénitencier d'Alcatraz. Avec un passe-partout.

– Comment ça, avec un passe-partout ?

– Oui, mais aussi grâce à l'aide de trois complices parmi le personnel. Mais, assieds-toi, nous serons mieux pour parler. »

Chapitre 2

Les deux hommes s'installèrent et Stiewart prit la parole :

« *Je suis allé à Alcatraz, enquêter sur l'évasion de Brown. Là-bas, on m'a appris des choses assez importantes. Trois complices lui ont donné en douce du matériel pour son évasion. Il a creusé un tunnel mais, s'étant trompé dans ses calculs, au lieu de déboucher dans le bois derrière le pénitencier, il se retrouva dans la cour près de la cabane où logent les gardes. Heureusement, pendant cette opération, personne ne s'est aperçu de rien. Il contourna la cabane et arriva sans se faire voir au dépôt (armes, munitions, nourriture, et d'autres choses nécessaires à la vie des gardiens). Car seul le directeur en a la clé. Voilà. Ce sont les seuls renseignements que je possède. Maintenant, à toi : raconte où en est ton enquête !* »

Schultoc n'eut pas le temps de parler que...

« *Drrrriiinnnggg !.... Drrrriiinnnggg !...* »

Il décrocha le téléphone.

« *Allô ?... Oui, c'est moi... Qui ça ?... Brown ?... Que me voulez-vous ?... Mais !... Vous êtes fou !...* »

Clic.

« Il a raccroché.

– Qui ça, « il » ?

– Brown. Il demande une rançon de dix millions demain matin. Il me téléphonera ce soir pour me donner l'endroit du rendez-vous. Sinon, en une semaine, il fait sauter trois usines, il dévalise une banque et assassine le chef des bureaux de Scotland Yard, John Bux.

– Il en serait capable.

– *Je vais donner l'ordre de surveiller les banques de Londres et des environs.*

– *Pour les usines, il y en a pas trop dans Londres. Ce qui m'étonne, c'est qu'il m'ait téléphoné à moi* [1].

– *C'est toi qui l'as arrêté lors de ses deux premières évasions. Il t'en veut.* »

Les deux hommes échangèrent encore quelques mots, puis se quittèrent. Mac passa une nuit agitée en pensant que, demain, une usine allait sauter et que cet assassin de Brown finirait par toucher sa rançon. Car, au bout de deux sabotages, Scotland Yard paierait les dix millions.

Chapitre 3

Heureusement que Stiewart vint sortir Mac du lit ce matin-là, car, fatigué de son travail de la veille, il ne se serait certainement pas levé avant midi.

« *Debout ! Vite ! L'usine d'Edgware a sauté ce matin vers sept heures !* »

En quelques minutes, Mac fut prêt et, rapidement, ils se rendirent sur les lieux de la catastrophe.

---

1. « Qu'il m'ait téléphoné à moi » : cette liberté de langage fut, depuis, largement reprise, hélas.

« *Il faut s'attendre à d'autres coups comme ça. Il faut tendre un piège à Brown. Informons-nous sur le bilan de l'explosion, pour l'instant.*
— *On ne sait pas encore, mais les services sont appelés.* »
Ils rentrèrent à Scotland Yard et reprirent leur travail habituel, et à midi, Mac vint rendre visite à Stiewart dans son bureau.
« *Écoutons la radio. Nous serons informés des détails de l'explosion.*
— *Okay* [1]. »
« Clic !.....
... *Terrible explosion a détruit l'usine d'automobiles d'Edgware dans le nord de Londres. Les dégâts s'élèvent à plusieurs millions et les blessés sont au nombre de huit. Il n'y a heureusement pas de morts à déplorer. On m'envoie à l'instant un communiqué important, je cite :* « *Les raisons de la catastrophe sont éclaircies. Brown, le dangereux gangster évadé d'Alcatraz, il y a trois jours, a téléphoné au célèbre inspecteur de Scotland Yard Mac Schultoc, demandant une rançon de dix millions sinon il détruirait l'usine et pillait une banque. Il semble que ses menaces aient été mises à exécution. Scotland Yard refuse de payer. Attendons la suite des opérations. C'était notre flash par Willy Grandil, clic...* »

---

1. Déjà, Renaud pressentait que la police prenait ses informations dans les médias...

« Ça ne peut plus durer comme ça, il faut capturer Brown ou payer avant qu'il ne commette d'autres méfaits !

— Je réfléchirai à un plan pour les pincer. En attendant, je dois passer à la banque chercher la paye des employés de Scotland Yard. Tu m'accompagnes ?

— D'accord. Le temps de passer un pardessus et j'arrive. »

Ils quittèrent leur bureau et allèrent à la banque. Une fois entrés, ils n'eurent pas le temps de retirer leur argent que quatre hommes armés pénétrèrent dans l'établissement, tirant des coups de revolver en l'air.

« Brown ! »

Chapitre 4

Schultoc avait devant lui Brown. Celui-ci le menaça de son arme.

« Quel hasard ! Schultoc ! Comme vous voyez, vous refusez de me verser mes dix millions, alors je me sers dans les banques. Maintenant, veuillez tourner le dos. »

Ils exécutèrent l'ordre que leur donnait Brown et reçurent tous deux un violent coup de matraque sur la nuque, et sombrèrent dans le coma.

« *Vite, boss ! C'est fait ! Filons avant que la flicaille se ramène !*

- Attendez ! Embarquez-moi ces deux-là ! Ils nous sont précieux. »

Tous deux furent hissés dans une voiture qui s'en alla aussi vite qu'elle était venue. Stiewart se réveilla le premier sans que les bandits ne s'en aperçoivent. Il se leva d'un bond et, immobilisant d'un bras le conducteur, de l'autre empoigna le volant et vira si rapidement que Brown ne réalisa que quelques instants plus tard. Il tira un premier coup de feu. Schultoc reprit ses esprits et bondit sur Brown. Deux de ses complices étaient assommés sous le choc, car la voiture s'était retournée dans le fossé. Le troisième sortit son couteau et le planta dans le dos de Schultoc. La voiture s'immobilisa enfin après plusieurs tonneaux. De leur côté, les trois bandits faisaient de même. Stiewart les tint en joue avec un revolver qu'il s'était emparé (sic) *dans l'accident.*

« *Sortez Brown de la voiture et attention, je vous surveille !* »

Ils n'en eurent pas le temps. Dans un fracas épouvantable, une explosion les fit sursauter. La voiture était en flammes.

Chapitre 5

« *Le malheureux !* »
« *PIN-PON-PIN-PON !...* »
« *Ah, voilà la police !* »
Schultoc n'était pas blessé. Le couteau avait heurté son omoplate. Tandis que pour Brown, on retrouva son corps calciné dans les décombres de la voiture. Les trois bandits furent incarcérés à Alcatraz, Brown à la morgue, Schultoc à l'hôpital où il reçut ainsi que Stiewart le grade de chef de la sûreté de Londres. De nos jours, ils travaillent encore à Scotland Yard où ils sont le meilleur exemple de bravoure dans la police britannique.

Pas mal, pas mal ! À son âge, je ne faisais pas mieux. Le « roman » est daté du 15 janvier 1966. Sous la date, cette mention : *Ne manquez pas la prochaine aventure de Mac Schultoc, Scotland Yard se déchaîne*. À côté, une photo découpée et collée de Sean Connery.

Mac Schultoc, Stiewart... Renaud avait lu *Blake et Mortimer*, et ses héros leur ressemblaient étrangement...

Parmi les précieux documents prêtés par ma maman, je découvre un petit carnet beige. En couverture, de la main de Renaud, ce titre : Poèmes, citations. Juste en dessous, au cas où on aurait eu un doute sur le propriétaire du carnet, ma mère a noté au crayon : de Renaud. Au bas du carnet, très étrangement, Renaud a dessiné au stylo-bille deux étoiles... de David ! Bizarre, bizarre... vous avez dit bizarre, comme c'est étrange... Serait-ce l'expression d'une culpabilité prémonitoire vis-à-vis de son jumeau ? J'en parlerai à mon psychanalyste...

Poèmes, citations... commençons par les citations. En cette année 1966, Renaud est en pleine période gauchiste. Au lycée Montaigne, il milite au Comité Viêt-Nam de base. On ne s'étonnera donc pas de trouver là quelques pensées bien senties de Karl Marx et un paquet d'inepties du Grand Timonier, alias Mao Zedong, du genre : « Tous les réactionnaires sont des tigres en papier. » En revanche, on peut s'étonner de découvrir de puissantes maximes de Cocteau, de Courteline ou de... Pierre Corneille [1] ! « Quand on n'a pas ce que l'on aime, il faut aimer ce que l'on a. » Ben, oui, quoi !... Si on peut pas avoir beaucoup, il faut se contenter de peu. Plus étrange encore (mais pas tant que ça) cette citation *en latin* du poète Horace : « *Odi profanum vulgus et arceo.* » « Je hais la foule profane et je m'en écarte. » Pas si étrange que ça : j'étais un bon latiniste et j'avais donné cette phrase qui tue à Renaud.

Et maintenant, examinons les poèmes du sieur Renaud, cancre à Gabriel-Fauré et encore plus cancre à Montaigne.

Voici *Voilà, c'est fait :*

---
1. Pas le chanteur, le dramaturge.

> *Je m'y attendais !*
> *Vous aussi !*
> *C'est fait !*
> *La terre est en feu,*
> *Les hommes ont péri,*
> *Les cités, rasées,*
> *La vie est finie,*
> *La guerre est finie,*
> *Plus de terres, plus de mers,*
> *Plus de fleurs, plus d'oiseaux,*
> *La terre est enfer,*
> *La terre est en feu.*
> *Je m'y attendais !*
> *Vous aussi !*
> *La bombe est tombée,*
> *Tout est fini...*

C'est très bien. Et pas une faute d'orthographe ! Comment ça, je ne suis pas « objectif » ? Et mon pied au c…, il est objectif ?

Un autre que j'aime bien : *Deux petits vieux*.

> *Le vieil homme est assis*
> *Sur un grand fauteuil d'osier.*
> *La vieille dame sur un petit canapé.*
> *Ils ne disent rien.*
> *Ils songent :*
> *La vie est trop longue.*
> *Bientôt, les gens diront*
> *Qu'elle est trop courte*
> *Avec la bombe.*
> *Le vieil homme et la vieille dame*

Ne veulent pas la voir tomber.
Le vieil homme a pris sa canne,
La vieille dame son chapeau,
Le vieil homme a ouvert la porte,
La vieille dame est sortie.
Il l'a suivie.
Arrivés dans la rue, ils ont marché
Sous la pluie.
Il faisait froid.
Ils sont partis et m'ont laissé,
Moi !
J'attends toujours le vieil homme,
J'attends toujours la vieille dame.
Aucun des deux n'est revenu
Et la bombe n'est pas tombée.

Elle est tombée ou elle n'est pas tombée ? Faudrait savoir ! À l'époque, Renaud milite au MCAA (Mouvement contre l'armement atomique), et toutes ces histoires de bombe atomique le turlupinent fort à raison.

Sur le même thème, voici *Mes frères…* :

Mes frères, la fin du monde est proche !
La guerre,
La bombe,
La famine…
Luttez mes frères, luttez pour vivre !
S'il faut tuer, tuons !
S'il faut mourir, mourez !
Moi,
Moi, je veux vivre

*Et je vis.
Mais vous, les grands, vous voulez tuer,
Tuez !
Mourez !
Vous voulez faire la guerre,
Faites, mes frères, faites !
Moi,
Moi, je veux faire l'amour
Je ne le fais pas.
Moi, je vis, moi, et vous, vous tuez,
Vous mourez,
Mes frères*

« S'il faut mourir, mourez ! » Ha ! ha ! ha ! Sacré Renaud ! Toujours le mot pour rire !

Attention, maintenant, poèmes en vers ! Des octosyllabes, putain ! Il ne s'emmerdait pas, le frérot ! Tremblez, Ronsard et du Bellay ! Tremblez, Baudelaire, Verlaine et Rimbaud ! Le poème s'intitule modestement *Liberté* :

*Comme un poète qui s'inspire,
Je ris seul, dans mon coin, tapi,
Je ne dis rien, moi le martyr,
Moi le génie, moi l'incompris.
Nul ne consent à m'écouter.
Mes amis ne montrent du doigt.
Quels amis ? Puisque je n'en ai.
Ils ont tous peur, honte de moi.
Un jour, pourtant, je le sais bien,
Je partirai vers d'autres cieux,
Sans un regret, sans un chagrin,*

> *Je pourrai vivre enfin heureux.*
> *La liberté, but de ma vie,*
> *Ce jour-là, vraiment, je l'aurai,*
> *Loin de la société pourrie,*
> *Enfin, je pourrai t'aimer.*

Oui, oui... Il y a des petits accents hugoliens, là-dedans... Dommage que le dernier vers ne fasse que sept pieds... Le poète aurait dû demander à un des paroliers de Johnny Hallyday de le relire... « Enfin, je pourrai *te* aimer », huit pieds, ç'eût été parfait !

Enfin, le meilleur – et le plus sordide ! – pour la fin : *Les rats.*

> *Les rats sont venus ce soir,*
> *Les rats sont venus me voir.*
> *Ils sont des dizaines,*
> *Des centaines, peut-être.*
> *Avec eux est venue la mort*
> *Traînant derrière elle sa faux,*
> *Sa faux rouillée, sa faux*
> *D'acier.*
> *Dans le lointain, j'entends le bruit sourd*
> *Des marteaux*
> *Sur les clous*
> *Dans le lointain, je vois*
> *L'ombre cynique et triste de la potence*
> *Qu'on dresse*
> *Pour moi...*
> *Et viennent toujours d'autres rats,*
> *Les rats me dévorent le cœur,*
> *Les rats me dévorent la tête.*

Ils sont venus, les rats,
Par centaines, par milliers
Peut-être...
Avec eux est venu un homme,
Tout de noir vêtu,
Un homme mal rasé.
C'est un Chinois.
Il m'a pris par la main
Et il m'a emmené loin,
Très loin.
Quand il m'a passé la corde
Autour du cou, alors,
Alors, j'ai commencé à crier :
« Je suis innocent !
Croyez-moi, je ne l'ai pas tué ! »
« Mais oui ! Mais oui ! Ils disent tous ça »
Dit le Chinois.
Et lorsque l'on m'a enterré,
Je croyais voir dans ma tombe
Un œil,
Un œil qui me regardait.
Mais il n'y avait que des rats,
Des milliers, des millions,
Peut-être...

« L'œil était dans la tombe et regardait Caïn. » Ha ! ha ! Encore une fois, culpabilité prémonitoire ! Mais vis-à-vis de moi ou vis-à-vis de David ?

Retour à la case histoire

Le plus souvent, on naît, on vit, on meurt. Point final. Le plus souvent. Il faut bien le reconnaître, entre la naissance et la mort, les gens ont des vies plus ou moins intéressantes. Jusqu'ici, la vie de Renaud n'a pas été « dégueu » – comme eût dit l'ami Gainsbourg. Certes, elle fut semée d'embûches mais, à l'arrivée, notre héros s'en est plutôt bien tiré. Sur cinquante-quatre années sur la terre, disons une dizaine d'années de soucis (depuis *Putain de camion* jusqu'en 2003) dont trois ans de malheur (époque Ricard, Mister Renard à La Closerie). Le reste, rien-que-du-bonheur ! Depuis presque quatre ans, il rayonne, tant professionnellement que sentimentalement.

Pourtant, naître en 52 ne constituait pas un avantage de taille... Qu'on en juge : en 1952, Le Corbusier « achève » (c'est bien le mot !) sa « cité radieuse », à Marseille, ancêtre de nos HLM chantés plus tard par Renaud.

En 1953, des bonnes et des mauvaises nouvelles. Commençons par les bonnes : le 5 mars, mort de Joseph Staline, boucher de son peuple. Lors de ses funérailles, plusieurs dizaines de personnes meurent piétinées. Le « petit père des peuples » finira dans le mausolée de Lénine, sur la place Rouge, avant de finir à la poubelle de l'Histoire.

Encore une bonne nouvelle : le 5 janvier, création d'*En attendant Godot* au théâtre de Babylone.

Samuel Beckett a quarante-six ans. La salle est partagée ente sifflets et applaudissements.

Dernières bonnes nouvelles : naissance à La Baule, le 21 septembre, de Marc Pajot. Plus de trente ans après, Renaud le saluera dans *Dès que le vent soufflera*. La même année, mais le 16 juin, naissance à Courbevoie de Michel Blanc. Par sa chanson, qui donnera son titre au film, Renaud contribuera grandement au succès de *Marche à l'ombre*.

En 1952, encore, l'immense succès de *Casque d'or*, avec Simone Signoret et Serge Reggiani. Curieusement, on comparera parfois Renaud à Serge Reggiani en raison, sans doute, du côté « apache » de la star.

1953 : On s'en fout et on est content. En décembre, René Coty est élu à la Présidence de la République. Il entrera en fonction le 16 janvier 1954. On s'en fout. La première bombe H (à l'hydrogène) américaine explose à Bikini. On s'en fout.

1953 : On est content parce que 1954 arrive. Il était temps !

1954 : Bonjour, Françoise ! Françoise Sagan ! Bonjour, mon amour ! Bonjour tristesse ! Elle a dix-neuf ans, elle est jolie, elle est (légèrement) dépravée, voici Sagan, succès de l'année, succès mondial ! Sagan plus Bardot égale la France ! Sagan superstar, puis Sagan super-ruinée, dans l'indifférence des pouvoirs publics, et bientôt Sagan-super-morte !

Hiver 1954 : On se les gèle ! Renaud, deux ans, n'a pas froid. Pendant ce temps-là, dans le métro, on se les caille et on crève. Déguisé en Lambert Wilson, l'abbé Pierre interpelle les députés et fait un malheur. Chauffe, l'abbé !

7 mai 1954 : « Bonne nouvelle » (comme le chante Francis Cabrel) : Chute de Diên Biên Phú ! Malgré le courage de Bigeard et de ses paras, l'armée française capitule. Hou !

Après le désastre indochinois, Pierre Mendès France (Allez, Mendès ! Allez, la France !) devient président du Conseil le 18 juin. François Mitterrand est nommé ministre de l'Intérieur. On le reverra, celui-là ! Onze fois, je crois.

Le 21 juillet, c'est l'armistice et la reconnaissance de l'indépendance du Viêt-Nam, du Laos et du Cambodge. Accords de Genève, à minuit.

En 1954, encore, la création de la FNAC (Fédération nationale d'achat des cadres) par André Essel et Max Théret, deux anciens (?) trotskistes.

La même année, Mireille crée son « petit conservatoire de la chanson », qui verra éclore Pascal Sevran, Sapho et Françoise Hardy. Ah, mais !

Février 54, Gilbert Bécaud à l'Olympia. Monsieur « 100 000 volts » électrise la salle. Résultat : quelques dizaines de fauteuils cassés.

4 mars 1954 : Georges Brassens à l'Olympia ! Là, on ne rigole plus ! Depuis Brassens, une partie (la meilleure) de la chanson française a changé de visage.

Fin 1954 : Une étude américaine met en évidence le lien entre certains cancers et la consommation de tabac. Très forts, les Amerloques ! Deux siècles pour se rendre compte que le tabac tue et nuit gravement à notre entourage. Le cow-boy Marlboro n'est pas content : il va mourir d'un cancer du poumon.

1ᵉʳ janvier 1955 : Europe n° 1 commence à émettre ! Chouette ! 5 février : chute du gouvernement Mendès-France. Pas chouette ! Nous, on se souvient encore de la distribution de lait chocolaté dans les écoles. Pouah ! Y'a pas bon, Banania !

À Paris, Maurice Druon (de l'Académie française) publie *Les Rois maudits*. Quelques années après, superbe adaptation télévisée avec Jean Piat dans le rôle de Robert d'Artois. Super-chouette.

Cette année-là, les Platters chantent *Only you*. Succès planétaire !

1955 : Bonne et mauvaise nouvelle. Mauvaise nouvelle : sur la route de Salinas, James Dean se tue au volant de sa Porsche. Renaud s'en souviendra dans *Laisse béton* : « *T'as l'même blue-jean que James Dean/Tu arrêtes ta frime !* »

Bonne nouvelle : le 12 juin, tragédie aux 24 Heures du Mans. Au volant de sa Mercedes, un pilote quitte la piste ! Quatre-vingt-deux morts ! Mieux qu'au Heysel, trente ans plus tard ! Mais la course continue, comme le match continua au Heysel ! En écrivant *Miss Maggie*, Renaud aura une pensée émue pour les innocentes victimes.

1956 : On ne rigole plus ! La police américaine invente l'alcootest. Gainsbarre et Mister Renard s'en tamponnent : ils n'ont jamais conduit en période Ricard.

Le 6 juin, douzième anniversaire du débarquement ricain en Normandie. Le même jour *Le Monde* publie le « rapport Khrouchtchev ». Au XXe Congrès du PCUS, Nikita a dénoncé les crimes de Staline. Gonflé, le chauve !

Le 13, le Real Madrid bat le FC Reims en finale de la Coupe d'Europe des clubs champions.

En juillet, *yeah !*, les premiers disques d'Elvis Presley arrivent en France.

En novembre, Romain Gary obtient son premier prix Goncourt pour *Les Racines du ciel*.

Toujours en 1956, premier succès de Dalida avec *Bambino*. Bientôt, elle triomphera avec *Il venait d'avoir dix-huit ans*, de notre ami Pascal Sevran.

Enfin, cette année-là, Albert Lamorisse obtient le prix Louis-Delluc pour *Le Ballon rouge*. Le chef opérateur s'appelle Edmond Séchan : c'est notre tonton. À la fin du film, deux figurants de choc : David et Renaud !

Et voici 1957. Renaud a cinq ans, moi, sept ans. Hé ! Hé ! Malgré tous les efforts de mon cadet, je resterai toujours l'aîné.

Le 25 mars, signature du Traité de Rome, créant le Marché commun.

Le 20 juillet, Jacques Anquetil gagne son premier Tour de France.

Le 24 novembre, naissance à Paris de Thierry Lhermitte. On s'en fout royalement.

Le 10 décembre, Albert Camus – dit Bébert, rien à voir avec les Camus père et fille, producteurs de spectacles débiles – obtient le prix Nobel de littérature. Les jurés ont bien aimé le moment où l'étranger tue l'Arabe sur la plage dans *L'Étranger*, précisément.

1958, Messieurs-dames, soyez attentifs ! Le 1er juin, de Gaulle devient président du Conseil par 329 voix contre 234. Le 2 juin, de Gaulle obtient les pleins pouvoirs. Le 28 septembre, le référendum sur la Constitution est approuvé par 79,25 % des Français. Le 21 décembre, de Gaulle devient le premier président de la Ve République.

En 1958 encore, Sacha Distel chante *Scoubidou*, le succès de l'année. Mon Dieu ! 1958, c'est aussi l'année du hula-hoop, ce cerceau crétin créé par deux Américains, Arthur Melin et Richard Knerr.

« J'ai dix ans !... » Eh, oui, j'ai dix ans ! Renaud, *que* huit ! Nous sommes en 1959, plus que neuf ans avant la révolution de 68, plus que seize ans avant le premier album de Renaud !

Le 2 janvier, Fidel Castro renverse Batista et prend le pouvoir à Cuba. L'année commence bien !

À la télévision, c'est le début de Cinq Colonnes à la une, des trois Pierre, Desgraupes, Dumayet et Lazareff.

Ah, la télévision ! En 1952, seuls 10 000 foyers en étaient équipés. En 1959, nous sommes plus d'un million ! La télé en noir et blanc, bien sûr ! La télé en couleurs (pour les riches !) ne fera son apparition sur le marché français que le 1er octobre 1967.

Magie du noir et blanc... C'est la grande époque des séries, que nous suivons avec avidité. C'est

Ivanhoé, avec Roger Moore, le futur James Bond. C'est *Janique Aimée* (snif !), c'est *Thierry la Fronde*, avec Jean-Claude Drouot, c'est *Au nom de la loi*, avec Steve McQueen. Je n'oublie pas « La piste aux étoiles », émission de cirque réalisée par Gilles Margaritis et présentée par Roger Lanzac, ni même « Bonne nuit les petits », que nous regardons chaque soir, malgré nos âges avancés...

Côté radio, le 19 octobre, c'est la première émission de « Salut les copains ! », sur Europe n° 1, animée par Daniel Filipacchi.

Côté bandes dessinées, c'est le lancement de *Pilote*, le 29 octobre.

Côté chanson, c'est la première apparition de Johnny Hallyday au cours du radio-crochet « Paris-Cocktail ». Akeu, oui !

Côté conneries, ce sont les premiers essais en mer du porte-avions *Clemenceau*. Le seul intérêt de cette invention meurtrière, c'est d'avoir inspiré à Renaud l'excellent *Trois matelots*.

En 1960, c'est l'entrée en vigueur du « nouveau franc », qui vaut cent fois l'ancien franc. Quarante-cinq ans après, je parle encore en anciens francs... C'est beau, le progrès !

Parlons-en, du progrès ! Le 25 mars, c'est la naissance de *Télé 7 Jours,* le premier hebdo consacré à la télévision. Les Français se remettent à lire !

En septembre, dans une veine sensiblement différente, c'est le premier numéro de *Hara Kiri*, « journal bête et méchant ».

Et pendant ce temps-là, que se passe-t-il dans « les restes du monde » ?

Du côté de Hastings, en Angleterre, *mods* et *rockers* se tapent sur la gueule. Scooters *vs* grosses cylindrées. Ma sœur, Nelly, quinze ans, est pour les *rockers*. Graine de rebelle ! Un peu comme si « bobos » et « caillera » se tabassaient tous les dimanches à Saint-Germain-des-Prés.

1961 : année explosive ! Le 20 février, Pierre Lagaillarde, en fuite en Espagne, fonde l'OAS, Organisation de l'armée secrète. Ça pète à Paris. En août et à l'automne, les bombes au plastic explosent un peu partout. Une petite fille y perd un œil, dans l'immeuble d'André Malraux. Nous-mêmes, manquons de périr. Une bombe placée devant la porte de notre voisin du sixième étage dévaste notre appartement du cinquième.

1961 encore : le divorce le plus rapide de l'histoire du music-hall ! 8 avril : Dalida épouse Lucien Morisse ; 10 juin : Dalida divorce de Lucien Morisse. En 1961 également, Richard Anthony est premier au hit-parade avec *J'entends siffler le train*. Il entend siffler le train, mais il ne voit pas arriver les inspecteurs du Trésor ! Va falloir rembourser, pépère !

Toujours en 1961, nous sommes tous scotchés devant le poste de radio de notre papa. À vingt-sept ans, le russe Youri Gagarine vient de monter à bord du vaisseau Vostok. Pendant 89 minutes, il tourne autour de la Terre ! Prorusses, nous exultons.

Le 23 janvier 1962, c'est la « nuit bleue » de l'OAS. À Charonne, le 8 février, les militants du Parti communiste et du PSU manifestent contre l'OAS. La police charge violemment : huit morts ! Le 13 février, près d'un million de personnes aux obsèques des victimes ! Nos parents sont parmi les manifestants.

En 1975, dans *Hexagone*, Renaud écrira : *Ils sont pas lourds, en février/À se souvenir de Charonne/Des matraqueurs assermentés/Qui fignolèrent leur besogne.*

Vlan ! Dans les dents !

Le 1er juillet (Saint-Thierry !), l'indépendance de l'Algérie est approuvée par référendum.

Toujours en juillet, c'est la sortie du premier numéro de *Salut les copains !*, magazine dirigé par Franck Ténot et Daniel Filipacchi.

En octobre, moins grave, c'est la crise des missiles de Cuba. Renaud a dix ans, il ignore que le monde est au bord de la guerre nucléaire.

En revanche, nous n'échapperons pas à la sortie du premier 45-tours de Claude François : *Belles, belles, belles.* J'ai treize ans, je suis au lycée Montaigne, et je trouve ça pas mal. Étonnant, non ?

22 juin 1963 : 150 000 jeunes pour le premier anniversaire d'Europe n° 1 à la Nation ! J'y étais ! Renaud et David, trop petits, sont restés chez Pépé et Mémé, avenue Philippe-Auguste. Ils ont raté Johnny Hallyday et Sylvie Vartan. Bof !... Ils ont aussi raté de se faire écraser, comme ma pomme !

Encore en 63, c'est la sortie en France du premier 45-tours des Beatles : *Love me do*. Nelly en est folle ; nous, un peu moins. 63 toujours : premier 45-tours de Sheila, *L'école est finie*. Oui, ça se voit et ça s'entend. Dernière sortie d'importance de cette année : *Tous les garçons et les filles*, de Françoise Hardy. J'achète le 45-tours ! Renaud, lui, commence à acheter les disques d'Hugues Aufray.

Le 11 octobre, la mort d'Édith Piaf éclipse le décès de Jean Cocteau. C'est pas juste, mais c'est comme ça. Un jour, peut-être, le décès de Renaud éclipsera celui de BHL, mais ce sera juste !

1964 : Le 19 juin, Éric Tabarly remporte la Transat en solitaire sur *Pen Duick II*. *Dès que le vent soufflera/Je repartira...*

Le 22 octobre, Sartre refuse le prix Nobel de littérature !

Le 19 décembre, transfert des cendres de Jean Moulin au Panthéon. Éloge funèbre d'André Malraux, sublime : « Entre ici, Jean Moulin !... »

Ah, j'oubliais un petit détail ! Le 22 novembre, à Dallas, le président Kennedy est assassiné ! *Dallas, ton univers impitoyable* !... Plus tard, Renaud chantera : *Dallas, ce feuilleton pourri, dégueulasse* !

Avril 1965 : sortie de *Aufray chante Dylan* ! Bien malgré lui, Hugues devient le champion de la « chanson engagée » ! Il se défend : « Je ne suis pas un chanteur à messages, un contestataire. Je me considère plutôt comme un réformiste évolutionniste. » Un de ces quatre, il faudra que l'ami Hugues m'explique le « réformisme évolutionniste »... Enfin, dont acte ! Place à Renaud !

Le 18 août, Serge Lama échappe à la mort en voiture. Merde ! On l'aurait bien échangé contre Albert Camus, James Dean ou Roger Nimier ! Mais non ! On l'aime bien, Napoléon Lama !

Le 5 décembre, de Gaulle est mis en ballottage par Mitterrand à l'élection présidentielle. Ouais ! Au lycée Louis-le-Grand, j'ai milité avec Gilbert Mitterrand pour son papa ! Le 19 décembre, de Gaulle est élu pour sept ans avec 55,1 % des suffrages.

Cette année-là, France Gall gagne le Grand Prix de l'Eurovision avec *Poupée de cire, poupée de son*. Plus important, Louis Althusser publie *Pour Marx*, le livre culte des élèves de terminale !

1966 : Renaud glande toujours au lycée Gabriel-Fauré. Mon père envisage de changer de nom... L'ado ne s'intéresse qu'aux filles et à Hugues Aufray !

Le 1er février 1966, la femme devient juridiquement l'égale de son mari. Hé ! Ho ! C'est le 1er avril, ou quoi ?

Le 27 mai, *Un homme et une femme*, du louche Claude Lelouch, obtient la Palme d'or au Festival de Cannes. Chabadabada...

En juillet, premier numéro de *Rock'n folk*.

Cette année-là, Renaud a quatorze ans. Antoine chante *Les élucubrations*. Enfin, le mot « merde » est prononcé dans une chanson ! La chanson d'Antoine annonce *Crève salope* ! Même radicalité : *Ma mère m'a dit : Antoine, va t'faire couper les ch'veux !/J'ai répondu : Ma mère, dans vingt ans si tu veux !/Je ne les garde pas pour me faire remarquer/Ni parce que j'trouve ça beau, mais parce que ça me plaît !*

« Parce que ça me plaît… » : tout est dit ! Ce retour du « Fay ce que voudras » rabelaisien annonce le « Il est interdit d'interdire » de mai 68. Antoine en vendra un million de copies !

Cette année-là, Jacques Dutronc fait ses débuts. Son anticonformisme, son sens de l'humour et de la dérision en font aussitôt une antistar au sourire moqueur. Plus tard, il élèvera des chats en Corse (bien !) et épousera Françoise Hardy (pas bien !).

Cette année-là, également, Robert Zimmerman (Bob Dylan pour les intimes) chante à Paris. *The times are a'changin…* La jeunesse sauvage est au rendez-vous !

En 1967, il ne se passe pas grand-chose. Bon, le monde va mal, mais il va. Du 23 au 26 juillet, de Gaulle part au Canada. Comme il est d'humeur chahuteuse, il lance du balcon de l'Hôtel de Ville de Québec son fameux « Vive le Québec libre ! ». Un beau chahut s'ensuit, en effet ! Sacré Charlot !

Le 9 octobre, le « Che » est assassiné par la CIA ! Le Commandante est mort ! La planète pleure, mais la jeunesse alter-mondialiste a trouvé son martyre et Castro, son alibi révolutionnaire.

Le 25 novembre, cinq mois après la guerre des Six-Jours qui vit la déconfiture des armées arabes liguées contre Israël, de Gaulle, qui n'en loupe pas une, qualifie les Juifs de « peuple d'élite, fier de lui-même et dominateur ». « Peuple d'élite » : oui ! « Fier de lui-même » : j'espère bien ! « Dominateur » : quelle connerie !

Le joli mois de mai

De toutes nos années accumulées, 1968 demeure l'année-clef, l'année qui nous ouvrit les portes du rêve et de la liberté. Les vieux ne virent rien venir, peu d'entre eux remarquèrent ce dégoût qui montait en nous comme un inéluctable *tsunami*, ce rejet absolu que nous avions de leur mode de vie (« métro-boulot-dodo ») et de leurs valeurs (la réussite sociale et financière, l'acquisition de marchandises inutiles [1]). Le 15 mars 1968, *Le Monde* titrait : « La France s'ennuie. » Hé, oui, la belle jeunesse de France s'ennuyait, en famille, au lycée, à l'usine ou à la fac. Le feu couvait. Quand bien même ils eussent été appelés, les pompiers seraient arrivés trop tard. Un mois durant, la France allait s'embraser, avant que ne reviennent, dans un Paris de cendres, les éternels Versaillais.

---

1. « La marchandise, on la brûlera ! », slogan de mai 68.

Le 3 mai, sous mes yeux d'adolescent rêveur, les CRS pénètrent dans la Sorbonne. Ils ont osé ! Jamais vu depuis Villon ! Même les Allemands ne s'y étaient pas risqués, et pourtant, il y avait des résistants parmi les étudiants de l'illustre université.

Aussitôt, les étudiants présents sur les lieux se déchaînent, arrachent rageusement les grilles des platanes au cri de « CRS, SS ! ». Ça chauffe sur le Boul'mich. Alertés par les radios, des milliers de jeunes nous rejoignent dans la soirée. C'est la première « nuit des barricades ». Renaud est là, bien sûr, en première ligne, notre nouveau Gavroche qui n'a pas encore seize ans.

Le 6 mai, rebelote ! Nous sommes de plus en plus nombreux. Les jeunes des cités, collégiens ou ouvriers, commencent à nous rejoindre. Je ne vais plus au lycée Louis-le-Grand,

Je cesse de préparer mon bac. Renaud ne va plus à Montaigne, mais nul ne s'en aperçoit : on le voyait si rarement...

Et tous les jours, toutes les nuits (nous dormons très peu), nous remettons ça. Nous occupons le Quartier latin et, en fin de journée, les affrontements – de plus en plus violents – reprennent.

Paris revit. Heurtés par les brutalités policières, qu'ils contemplent de leur balcon, les Parisiens sont avec nous. Ils jettent des seaux d'eau dans la rue pour faire retomber les nuages de gaz lacrymogène. Nous tenons le pavé de Paris. Nous sommes les rois du monde et Renaud est notre fou et notre baladin. En ce joli mois de mai, les poètes sont peu bavards. La poésie s'exprime sur les murs, c'est-à-dire partout.

Le 11 mai, c'est l'apothéose ! La « nuit des barricades ». Saint-Michel, Gay-Lussac..., les pavés s'entassent. Drapeau noir à la main, Renaud fête ses seize ans dans Paris insurgé. Cette nuit-là fera deux mille blessés parmi les manifestants. « Ce n'est qu'un début, continuons le combat ! »

Le 19 mai, à la télévision, de Gaulle prononce une de ces phrases stupides dont il a le secret : « La réforme, oui ; la chienlit, non ! » La France redécouvre, médusée, le sens du mot « chienlit ». *La chienlit* que Julien Clerc chantera, trente ans plus tard, sous la plume de Jean-Claude Vannier...

Depuis le 13 mai, la Sorbonne est réouverte et aussitôt occupée. Les groupuscules gauchistes se partagent les lieux, mais ce sont les situationnistes qui font la loi. Leurs slogans s'affichent : « Prenez vos désirs pour des réalités ! », « Cache-toi, objet ! », « Embrasse ton amour sans lâcher ton fusil ! », « Ceux qui parlent de la révolution sans se référer explicitement à la vie quotidienne, sans voir ce qu'il y a de subversif dans l'amour et de positif dans le refus des contraintes, ceux-là ont dans la bouche un cadavre [1] », « Soyez cruels ! », « Crève, salope ! »... Tiens ?... On dirait du Renaud ! Ben... c'est pas vraiment du Renaud, c'est du « situ » écrit sur les murs. Mais il

---

1. Raoul Vaneigem, *Traité de savoir-vivre à l'usage des jeunes générations*, Gallimard.

est vrai qu'en ce mois de mai, Renaud écrit beaucoup, poèmes et chansons. Sur les barricades, *Crève, salope !* fera un malheur. Dans le bureau de mon père, beaucoup moins…

Je v'nais de manifester au Quartier
J'arrive chez moi fatigué, épuisé.
Mon père me dit : Bonsoir, fiston, comment qu'ça va ?
J'ui réponds : Ta gueule, sale con, ça t'regarde pas !
Et j'ui ai dit : Crève, salope !
Et j'ui ai dit : Crève, charogne !
Et j'ui ai dit : Crève, poubelle !
Vlan ! Une beigne !

À la même époque, il écrit *C.A.L. en bourse*, et nous nous esclaffons !

Là, j'ai connu un flic que l'on appelle Eugène,
Car sa spécialité, c'est la lacrymogène ;
J'ui ai dit cent fois : Arrête les crimes, Eugène !

Il écrit aussi *Ravachol*, sympathique chanson anarchiste :

Il s'app'lait Ravachol, c'était un anarchiste
Qu'avait des idées folles, des idées terroristes.
Il fabriquait des bombes et les faisait sauter
Pour emmerder le monde, les bourgeois, les curés.

Deux choses sont à noter. Tout d'abord, il apparaît clairement que, sa vie durant, à travers trente ans de carrière, Renaud est demeuré fidèle à son idéal anarchiste : Ni dieu ni maître. Certes, son anarchisme fut souvent mâtiné de socialisme (période « anarcho-mitterrandiste »), parfois de communisme (période Fête de l'Humanité), toujours d'écologisme. En outre, la haine de Renaud pour « les bourgeois, les curés », haine un peu naïve et pas bien méchante, parcourra toute son œuvre, de 1975 à nos jours.

Mai 68 s'achève dans la débâcle. Après le défilé revanchard d'un million de gaullistes aux Champs-Élysées (Malraux au premier rang, déchaîné), les élections législatives du mois de juin voient le triomphe de la droite. Une chambre « introuvable », comme on disait sous la IIIe République.

L'été arrive. Nous rasons les murs, ces murs à qui nous avions donné la parole au mois de mai. Moi, grâce à une voisine qui travaille à la Bibliothèque nationale, je trouve un boulot d'étudiant : je dois classer et répertorier les milliers de tracts collectés par les employés de la B.N. durant le joli mois de mai. Il y a encore des fonctionnaires qui ont une déontologie...

Renaud, lui, ne s'en fait pas, comme d'hab' ! Avec sa bande, il part dans les Cévennes, occuper une splendide ferme abandonnée : le mas Camargue ! Ah, Camargue ! Terre protestante ! À partir de Vialas, nous allions souvent y camper, à trente ou trente-cinq des deux sexes. Le soir, à la bougie, Elvis Presley (« *I want you, I need you, I love you* », « *In the ghetto* »...) nous fait danser des slows langoureux.

Premiers flirts... Le problème avec « la bande à Renaud », c'est qu'elle n'est pas partie « camper » à Camargue, mais l'occuper ! Ils ont hissé le drapeau noir de l'anarchie au-dessus du toit en ardoise et font l'expérience de la communauté. Expérience douloureuse, puisqu'ils sont cinq mâles pour une femelle... L'expérience n'aura pas le temps de capoter : trois semaines après, les gendarmes viendront les expulser. De toute façon, ils en avaient marre du régime spaghettis sans beurre... Renaud retrouve avec joie la bonne et saine cuisine de notre maman.

L'été s'achève. Retour à Paris. Renaud passe en seconde au lycée Claude-Bernard. Un lycée de fils de « bourges », tout ce qu'il aime. Minettes et minets imbus d'eux-mêmes, dont il se souviendra quelques années après en écrivant *Adieu, minette* :

Adieu, fillette, nous n'étions pas du même camp.
Adieu, minette, bonjour à tes parents !

Toute sa vie, Renaud sera obsédé par le concept de « camp ». Un peu plus tard, il citera cette formule de Guy Debord : « Il s'agit de prendre Troie ; ou bien de la défendre. » Choisis ton camp, camarade !

Bien évidemment, notre anarchiste ne fera pas de vieux os à Claude-Bernard... six mois après, il est engagé comme vendeur à la Librairie 73, au 73 boulevard Saint-Michel, par le bon M. Pannunzio, libraire et écrivain, beau-père d'un de ses camarades de barricades et du lycée Montaigne. Il travaille surtout à l'extérieur, où il s'occupe des livres de poche. Et puis, il travaille à ruiner le vieux Pannunzio, en me laissant voler des dizaines de livres... Je puis affirmer que ma Très Grande Bibliothèque a commencé à se constituer cette année-là, dans les étals et les rayons de la Librairie 73. Au bout de quelques mois, le libraire se débarrassera gentiment de son commis indélicat. À partir de cette fin d'année 1968, commence pour Renaud la ronde des petits boulots.

« Soixante-neuf, année érotique », chantait Bardot. Sacré Gainsbarre ! Toujours le mot pour rire ! Ouais... mais 69, c'est aussi la création, le 8 mars, de la Journée internationale de la femme. Et la Journée de l'homme, c'est pour quand ? Et la Journée du raton-laveur ?

Le 27 avril, après la victoire du « non » (52,41 %) au référendum sur la régionalisation, de Gaulle démissionne. Chouette ! Le 15 juin, Georges Pompidou est élu président de la République. Pas chouette ! Entre Georges Pompidou et Alain Poher, président du Sénat, les communistes ont préféré s'abstenir. Leur slogan : bonnet blanc, blanc bonnet ! Et les cocos, à l'époque, ce n'est pas rien ! Le 1er juin, au premier tour de la présidentielle, Jacques Duclos, pour qui je milite alors, recueille 21,27 % des voix !

Commencent – ou recommencent ! – les « années de plomb », à peine marquées, de temps à autre, de manifestations étudiantes ou d'agitation dans les facs tout à fait sporadiques.

Le 2 juillet 1969, mauvaise nouvelle des étoiles : Brian Jones meurt par overdose dans sa piscine. Les Rolling Stones seront-ils encore les mêmes ? Oui, pardi, puisqu'ils sont toujours là !

21 juillet 1969, bonne nouvelle des étoiles : l'Américain Neil Armstrong marche sur la lune. « Un petit pas pour l'homme, annonce Armstrong, un grand pas pour l'humanité. » Putain, ils ont dû se mettre à cinquante pour trouver cette banalité. Neil aurait pu dire plus simplement : « On a bien niqué les Ruskoffs, hein ? », – c'eût été plus poétique. Ce jour-là, je suis en Bretagne, à Locquirec, avec une petite fiancée. Ce soir-là, elle me montra sa lune, elle aussi. Renaud, lui, est à Piriac, en Bretagne, avec son pote Gilles Daladier (le petit-fils de l'ancien président du Conseil. Peu après, ce garçon bien sympathique trouvera la mort dans des conditions dramatiques).

Le 6 octobre 1969, le prix Nobel de littérature est attribué à l'Irlandais Samuel Beckett. J'exulte ! Depuis que j'ai vu au théâtre *En attendant Godot*, je suis devenu son disciple inconditionnel. Après *Ô, les beaux jours*, j'ai dévoré *Malone meurt, l'Innommable, Nouvelles et textes pour rien...* Quel rapport avec Renaud, me direz-vous ? Ben, Malone, ce beau prénom, masculin chez Beckett, peut-être féminin pour Malone Séchan...

1969, nouveau scandale de Serge Gainsbourg : avec Jane Birkin, il chante *Je t'aime moi non plus*. Il fallait bien que cette année se termine par une note un peu salace, vu que 1970 allait être particulièrement dégueulasse, avec une petite lueur d'espoir (l'apparition du café-théâtre) en fin d'année.

1970 : L'ANNÉE POURRIE

Le 30 avril 1970, pour répondre aux « casseurs » qui font quelques dégâts (à l'aune de nos émeutes banlieusardes de novembre 2005 !), la loi « anticasseurs » est votée. Désormais, les responsables des organisations gauchistes organisatrices des cortèges (pacifistes !) seront jugés responsables des dégradations causées par quelques centaines d'émeutiers, infiltrés par la police !

En avril, une nouvelle secoue le monde : les Beatles se séparent ! Les larmes de millions de groupies font grimper le cours de la Tamise et de la Seine !

Le 8 mai, en réponse à la loi « anticasseurs », un commando de la G.P. (Gauche prolétarienne, marxiste-léniniste-maoïste) d'une cinquantaine de militants attaque les magasins Fauchon à la Madeleine. Par esprit de classe, une partie de la clientèle prend fait et cause pour les agents de sécurité du magasin ! Bertrand Marcadé, notre futur beau-frère, est ainsi arrêté après avoir été copieusement tabassé par la foule. Il est condamné à six mois de prison ferme ! Douce France... Le reste des pillards va redistribuer les victuailles de prix dans les banlieues déshéritées.

Le 4 août, à Hollywood, Janis Joplin meurt d'overdose. Le 18 septembre, à Londres, c'est le tour de Jimi Hendrix. Décidément, Dieu n'aime pas la bonne musique !

L'année *pourrite* continue : le 1er novembre, en Isère, l'incendie d'une boîte de nuit, à Saint-Laurent-du-Pont, fait cent quarante-six morts. Sans compter ceux qui se tueront en voiture à la sortie de la boîte...

Un peu triste, quand même : le 9 novembre, le général de Gaulle meurt à Colombey-les-Deux-Églises...

Le 15 novembre, dans la foulée des deux tragédies, *Hara-Kiri Hebdo* titre : « Bal tragique à Colombey : un mort. » Verdict : interdit de parution ! Quelques mois après, le journal satirique reparaîtra sous le titre *Charlie Hebdo*, qui existe encore, hélas ! Et désormais sans Renaud, re-hélas !

Ni bonne ni mauvaise nouvelle : Michel Sardou (dont Renaud se gaussera gentiment en 1975) signe ses deux premiers tubes : *Les bals populaires* et *J'habite en France*. Un peu franchouillard, mais une voix qui en impose, une grande gueule et une sacrée présence.

Et puis, fin 1970, une lueur d'espoir : la création des premiers cafés-théâtres : Le Café de la Gare, Le Splendid, puis tant d'autres, moins glorieux. Ce théâtre d'amateurs donnera au cinéma et au théâtre une pléiade d'immenses comédiens et de saltimbanques médiocres. Pour Le Café de la Gare, Romain Bouteille, le moins connu (mais le père fondateur), Patrick Dewaere, Coluche, Miou-Miou... Pour Le Splendid, Michel Blanc, Thierry Lhermitte, Gérard Jugnot, Josiane Balasko, Christian Clavier... la charité chrétienne m'oblige à écourter la liste. Les meilleurs sont partis les premiers, comme d'hab'.

1971 : RIEN

Rien, enfin rien de très passionnant. Moi, je suis en fac où je termine une licence d'italien. Et Renaud, me direz-vous, car c'est quand même le sujet de mon livre ! Renaud, pas grand-chose. Il glandouille, de petit boulot en petit boulot, au grand désespoir de nos parents. Pendant les vacances de Pâques, à Belle-Île-en-Mer, il a fait la rencontre de Patrick Dewaere et de Sotha, deux membres fondateurs du Café de la Gare. Ils sympathisent et Renaud leur joue ses petites chansons. Enthousiasme des deux comédiens. Quelques mois plus tard, à l'occasion de la défection d'un acteur (médiocre) de la troupe, ils vont lui demander de reprendre son rôle dans « Robin des quoi ? », une mauvaise pièce de Romain Bouteille.

Renaud ne sera pas très bon, lui non plus, mais il ne jouera pas longtemps : bientôt, l'acteur attitré reviendra et reprendra son rôle. Renaud se retrouve au chômage, mais il n'aura pas tout perdu. Il aura gagné l'estime, l'amitié ou l'admiration de toute la troupe. Devenu célèbre, Coluche n'oubliera pas le « petit Renaud » lorsqu'il fera ses débuts dans la chanson.

Le 16 juin 1971, un événement très important pour l'avenir de la France ! Au congrès d'Épinay-sur-Seine, François Mitterrand est élu premier secrétaire du Parti socialiste. Joie dans tous les foyers de l'Hexagone ! Tonton mettra quand même dix ans à conquérir le pouvoir...

Le 7 juillet 1971, encore un décès de star, mais à Paris, cette fois : Jim Morrison ! Des générations d'admirateurs énamourés (Dieu, qu'il était beau !) iront chialer sur sa tombe du Père Lachaise. Renaud et moi, bien évidemment, ferons le pèlerinage. La seule tombe qui sente le cannabis à cinquante mètres, jusqu'au tombeau voisin d'Édith Piaf !

1972 : ÇA BARDE !

Sur le plan culturel, c'est l'année du scandale Bertolucci, avec *Last Tango in Paris*. « Passe-moi le beurre ! », dit Marlon Brando à Maria Schneider. *Shocking* ! Les ligues de vertu se mobilisent.

Pendant ce temps, entre deux manifs, deux indignations, Renaud écrit. Cette année-là, il écrit deux chansons, précisément : *Société, tu m'auras pas* et, dans un autre registre, dans la veine parisienne, *Le gringalet*.

> *Y'a eu Antoine avant moi,*
> *Y'a eu Dylan avant lui,*
> *Après moi, qui viendra ?*
> *Après moi, c'est pas fini.*
> *On les a récupérés,*
> *Oui, mais moi, on m'aura pas,*
> *Je tirerai le premier,*
> *Et j'viserai au bon endroit.*

Trois remarques sur ce premier couplet : *primo*, je ne vois pas en quoi Dylan aurait été plus « récupéré » que Renaud. Je ne crois pas savoir qu'il ait fait de la pub pour des lunettes, comme ce pauvre Antoine ; *secundo*, « Après moi, c'est pas fini » : ben, si ! Tout comme Brassens, Renaud n'a pas eu de successeur, et je doute qu'il s'en présente un par la suite ; *tertio*, qu'entend-il par « au bon endroit » ? Au cœur ? Aux couilles ?

> *C'était un gringalet*
> *Pas vraiment laid,*
> *Mais il était*
> *Né à Paname.*

> *Tous ceux qui l'connaissaient,*
> *Y disaient*
> *Qu'y savait*
> *Causer aux dames.*

Le « gringalet », il me ressemblait un peu. Tout comme lui, j'aurai séduit beaucoup de filles (quatre cents environ…) mais davantage par ma langue riche et fleurie que par mon physique.

Le 27 juin, un événement politique d'importance (sans rire) : la signature du programme commun de gouvernement entre le radical « de gauche » Fabre, le communiste de gauche Marchais et le socialiste « de gauche » Mitterrand. Qui va écraser qui ? Pas la peine de savoir lire dans le marc de café pour deviner la suite des événements.

Le 25 septembre, Jean-Marie Le Pen fonde le Front national. Nul ne s'en soucie. Français, si vous saviez… Français, si vous aviez pu savoir que, trente ans après, vous seriez plus de vingt pour cent à voter pour cet orateur hors pair, ce tribun xénophobe.

Pour bien terminer l'année, le 28 novembre à 5 h 13 et 5 h 20, Roger Bontemps et Claude Buffet sont guillotinés. Ce crime d'État inspirera à Renaud l'une de ses chansons les plus virulentes : *Hexagone*.

> *Quand on exécute au mois d'mars,*
> *De l'autr'côté des Pyrénées,*
> *Un anarchiste du Pays basque*
> *Pour lui apprendre à s'révolter,*

*Ils crient, ils pleurent et ils s'indignent
De cette immonde mise à mort,
Mais ils oublient qu'la guillotine
Chez nous fonctionne encore.*

Non, ils n'oublient pas. Seulement, en 1972, soixante-trois pour cent des Français sont favorables à la peine de mort. Il faudra attendre 1981 et la victoire de François Mitterrand pour que Robert Badinter fasse voter l'abolition de la peine capitale. Courageux ! D'autant que les Français y sont toujours majoritairement favorables...

Le 5 septembre, c'est la tragédie des Jeux olympiques de Munich. Le groupe Septembre noir exécute onze athlètes israéliens. Cinq terroristes sont abattus. Les Jeux olympiques continuent... comme toujours !

Allumez le feu !

Hou, là, là ! 1973 va être une année méchamment guerrière. Pourtant, tout avait bien commencé. Le 27 janvier, à Paris, un accord de cessez-le-feu est signé entre le Viêt-Nam et les États-Unis. Il était temps ! Renaud et moi, on commençait à en avoir marre de s'égosiller dans les manifs : « US go home ! »

Le 6 février, jour funeste, le CES Édouard-Pailleron brûle : vingt-deux morts ! « Morts les enfants »... comme toujours. Et les architectes ? Ils vont très bien, merci.

Pendant ce temps-là, Renaud fait des petits boulots. Durant quelques mois, il est l'unique représentant de *L'Énergumène*, la belle revue littéraire de l'éditeur-écrivain Gérard-Julien Salvy. Dans le troisième numéro de la revue (qui n'en connut guère plus...), fut publiée une belle traduction de *La Casa*, du grand écrivain italien Carlo Emilio Gadda, traduction signée... Thierry-Olivier Séchan ! À cette époque, pour bien distinguer mes écrits « mercenaires » (pour Walt Disney, notamment) de mes écrits littéraires, je signais ces derniers Thierry-Olivier Séchan, Olivier étant le prénom de mon père et mon second prénom. Ce travail bien peu lucratif lui laissant beaucoup de temps libre, Renaud continue d'écrire des chansons. Cette année-là, il en écrit quatre qu'il enregistrera. Parmi celles-ci, on retiendra la roborative *Amoureux de Paname*, qui donnera son nom à l'album de 1975. En Parigot de naissance, de cœur et d'âme, il vantait les charmes les plus douteux de la capitale – le béton, la pollution, la tour Montparnasse... –, histoire de faire enrager les premiers écologistes, qui nous les brisaient déjà menu, ces écolos qu'il rejoindrait quelques années après... Renaud n'a jamais été à une contradiction près...

> *Moi, j'suis amoureux de Paname,*
> *Du béton et du macadam,*
> *Sous les pavés, ouais, c'est la plage,*
> *Mais l'bitume, c'est mon paysage.*

Ben, voyons ! Et pourquoi il est pas allé habiter dans une tour, alors ? Dans mon HLM (dont il s'inspirera largement pour écrire *Dans mon HLM*), par exemple.

11 septembre 1973 : premier « 11 septembre noir », de l'histoire, avant le truc marrant des avions sur les *Twins* de Manhattan, trente ans plus tard. Avec la complicité active de la CIA (Kissinger, criminel de guerre !), le général Pinochet prend le pouvoir au Chili. Salvador Allende meurt les armes à la main et rejoint ainsi la longue liste des martyrs de la Révolution, juste après Ernesto « Che » Guevara. L'année suivante, Renaud écrira dans *Hexagone* :

> *Lorsqu'en septembre on assassine*
> *Un peuple et une liberté*
> *Au cœur de l'Amérique latine,*
> *Ils sont pas nombreux à gueuler.*

Si, si ! Quand même ! Nous avons été quelques milliers à vouloir nous engager dans de nouvelles Brigades internationales. Hélas, il apparut rapidement que le fascisme avait gagné.

Octobre 1973, c'est la guerre du Kippour. L'Égypte et la Syrie attaquent Israël par surprise, pendant que les hommes de Tsahal mangent leurs petits pains azymes (pouah !). Les Arabes finiront par prendre une raclée bien méritée et, le 24 octobre, l'ONU imposera le cessez-le-feu aux belligérants.

Et en France, pendant que le sang coule à flot dans le monde en feu, que se passe-t-il ? Le 26 août, cinq cent mille chèvres occupent le Larzac. « Gardarem lou Larzac ! » Hé ! Il est pas à toi, le Larzac !

Le 28 septembre, Fernand Raynaud se tue en voiture. Il n'avait pas bu que de l'eau. « Dis, tonton, pourquoi tu tousses ? »

Cette année-là, enfin, paraît le premier *Guide du routard*. Renaud, fin observateur de la société française, s'en servira dans *Marche à l'ombre* :

Patchouli-Pataugas [1], *le Guide du routard dans la poche,*
Aré-Krishna à mort, ch'veux au henné, oreilles percées
Tu vas voir qu'à tous les coups
Y va nous taper cent balles
Pour s'barrer à Katmandou
Ou au Népal.

On trouve, ici, le vers le plus insolite de l'œuvre de Renaud. Katmandou *ou* au Népal. Mais Katmandou, c'est la capitale du Népal. C'était intentionnel, évidemment !

---

1. Nul n'a jamais pu me dire comment s'écrivait ce nom de marque. Renaud en tient pour « patogasse ». Je préfère mon orthographe, mais je ne suis sûr de rien.

Le glas des « Trente Glorieuses »

Le 25 avril 1974, c'est la « révolution des œillets » au Portugal. J'y suis, avec Laurence, ma petite fiancée, et avec mes potes Alain Krivine, Jean-Paul Sartre et Simone de Beauvoir ! De sympathiques militaires (si ! si ! ça existe !) ont mis fin à quarante et un ans de dictature. Enfin – mais très provisoirement ! –, « le soleil brille pour tout le monde [1] » au Portugal ! Dix ans plus tard, Renaud s'en souviendra en militant activement pour la libération d'Otelo de Carvalho, l'instigateur de cette révolution, emprisonné par les « socialistes » au pouvoir.

Comme une bonne nouvelle n'arrive jamais seule, en ce même mois d'avril, Pompidou casse sa pipe. « Pompidou morù ! », s'écrie notre logeuse en nous réveillant. Eh bien, croyez-le ou non, j'ai un petit pincement au cœur.

Le 19 mai, Giscard d'Estaing, dit le Diamantaire, est élu président de la République, battant de peu François Mitterrand : 50,81 % contre 49,19 %. Encore sept ans à attendre…

Le 27 mai, Giscard nomme Jacques Chirac Premier ministre. Lui, on l'aime bien. Cra-Cra !

Le 20 décembre, la loi Veil sur l'interruption volontaire de grossesse est adoptée. Bravo, Chichi !

---

[1]. *Cent nouvelles d'elles*, du même auteur, Les Belles Lettres, Paris, 1997.

Culturellement, ça bouge en France. Au cinéma, *Les Valseuses*, de Bertrand Blier, font un carton. Gérard Depardieu, Patrick Dewaere et Miou-Miou crèvent l'écran.

Cette même année, les Éditions du Seuil publient le chef-d'œuvre de Soljenitsyne, *L'Archipel du Goulag*. Le Parti communiste fait la gueule.

Enfin, à Angoulême, c'est l'ouverture du 1er Festival international de la bande dessinée. La B.D. est reconnue comme un art. De très sérieux sémiologues étudient goulûment les jolis phylactères. Par la suite, avec le succès et l'argent, Renaud se constituera la plus belle collection privée européenne de bandes dessinées.

1974, c'est aussi le premier « choc pétrolier ». La France est touchée de plein fouet. Sonne le glas des « Trente Glorieuses ». « Ne doit-on pas dire glorieuses les trente années qui ont fait passer la France de la pauvreté millénaire aux niveaux de vie et aux genres de vie contemporains ? » (Jean Fourastié). Comme par hasard, c'est alors que Renaud, tel Zorro, est arrivé...

Cette année-là, Renaud a découvert une activité beaucoup plus lucrative que tous les « petits boulots » du monde : il est devenu chanteur de rue. Et ça marche ! Ça marche même du feu de dieu ! Avec son pote Michel Pons à l'accordéon, il chante dans les rues, mais aussi dans les cours d'immeubles. Les pièces enveloppées dans du papier journal tombent de tous côtés ! « C'est la gloire, Pierre-

François[1] ! » Ils égayent les journées moroses de braves ménagères, qui leur en savent gré. Renaud chante le répertoire du début du siècle (*La plus bath des javas*, *Les p'tits bals du sam'di soir*, *Mon amant de Saint-Jean*...), mais aussi son propre répertoire, qui commence à s'étoffer. En 1974, il a écrit beaucoup de nouvelles chansons, parmi lesquelles l'indémodable *Hexagone*. Mais aussi, *La Coupole* :

> *Andy Warhol, à la Coupole,*
> *Peint les gambettes de Mistinguett.*
> *Il les dessine très longilignes*
> *Leur donne la forme du cou d'un cygne.*

Voilà. L'année 1974 se termine. Bientôt, 1975, et les débuts fracassants du jeune Renaud dans la chanson.

---

1. Arletty à Lacenaire dans *Les Enfants du paradis*.

II
PREMIERS PAS DANS LA CHANSON 1975-1983

Lorsque Renaud fait une apparition dans l'univers impitoyable du show-business, les « Trente Glorieuses » se terminent – comme nous l'avons dit. Cette année-là, le SMIG (on ne dit pas encore le SMIC) est à mille deux cents francs ; la baguette de pain à quatre-vingt-quinze centimes ; le journal à un franc vingt ; la place de cinéma à douze francs et le litre d'essence à un franc quatre-vingt-trois centimes.

En 1975, 82,4 % des foyers français ont un poste de télévision, mais seulement 12,5 % une télé en couleurs.

Le 16 juillet 1975, la ceinture de sécurité devient obligatoire. La pub dit : « Un petit clic vaux mieux qu'un grand clac. » Nos têtes à claques de la publicité commencent à déborder d'imagination. Rapprochement hardi : cette année-là, nous sommes en pleine révolution sexuelle. La jeunesse s'envoie en l'air à tout va et Renaud n'est pas en reste. Le Sida n'existe pas. Les fabricants de préservatifs attendent leur heure...

Le 5 avril, c'est le braquage foireux de la rue Pierre-Charron. Un truand sur le carreau. Se trouvant sur place un peu par hasard, Renaud voit tout, entend tout, note tout dans sa tête. Le soir même, il en fait une chanson magnifique qui n'aura rien perdu de sa virulence deux ans après, lorsqu'il l'enregistrera sur son deuxième album, *Place de ma mob*.

Le 5 mai, Polydor sort le premier album de l'artiste, intitulé *Amoureux de Paname*, mais que tous ses fans nommeront *Hexagone*, tant ce brûlot constituait – et constituera toujours – le titre phare de ce 30 centimètres.

Ce premier album, il s'en fallut de peu qu'il ne fût produit par Paul Lederman, l'imprésario douteux de Coluche, puis de Thierry Le Luron et des Inconnus – qui finirent par s'en défaire. Un soir que Renaud, son accordéoniste Michel Pons et Bénédicte Coulter, un copain guitariste qui les a rejoints, se produisent dans la cour du Café de la Gare, où quatre cents personnes font la queue pour assister au spectacle, Lederman les remarque. Quelques mois plus tard, sous le nom de scène imposé par l'impresario de génie, « Les P'tits Loulous », nos acolytes vont se produire plusieurs semaines en première partie de Coluche, au Caf'Conç' de Paris, cabaret situé près des Champs-Élysées. Succès mitigé. Et puis, Michel Pons est appelé sous les drapeaux… Sans accordéon, le tour de chant de Renaud perd tout son sens, puisqu'une partie de son répertoire est emprunté aux classiques du musette et de la chanson réaliste. Il décide donc de se produire désormais tout seul, en ne chantant que son propre répertoire, encore peu étoffé. « Pourtant, Lederman voulait nous faire signer et enregistrer un album avec des chansons traditionnelles populaires sur une face et des chansons à moi sur l'autres », dira Renaud [1]. Absurde ! Ridicule ! Renaud refuse, évidemment. Il préfère recommencer à faire la manche avec son pote guitariste, dans les

---

1. *Paroles et Musiques*, n° 16, janvier 1992.

rues, dans les cours d'immeubles, mais aussi dans le métro. C'est là que, selon la légende, les producteurs indépendants Jacqueline Herrenschmidt et François Bernheim (le compositeur, trente ans après, d'*Anaïs Nin*) l'entendent pour la première fois ; subjugués par la gouaille de l'interprète, par l'originalité de ses textes et, il faut bien l'avouer, par sa classe de poulbot parisien, ils lui proposent d'enregistrer un album ; sans enthousiasme excessif, Renaud finit par accepter. Jusqu'à présent, et depuis quelques années, il chantait pour « bouffer », mais sans la moindre ambition artistique.

C'est ainsi qu'au printemps 1975, Renaud se retrouve propulsé en studio. Plutôt que de le paraphraser, je citerai l'excellent bouquin d'Alain Wodrascka [1] : « Le contenu de l'album se caractérise par un assemblage de complaintes néoréalistes et de chansons influencées par le folk-song – agrémentées de quelques fantaisies, comme *Greta*, *La menthe à l'eau* (clin d'œil à Bobby Lapointe) et d'une tendre bluette, *Petite fille des sombres rues.* »

Ce disque, au-delà de quelques (excellentes) complaintes néoréalistes (*La java sans joie*, *Gueule d'aminche*, *Le gringalet*), est avant tout un cri de révolte et de guerre, la profession de foi d'un anarchiste violent qui tire à feu roulant sur toutes les institutions de la République et sur la « doulce

---

1. Alain Wodrascka, *Docteur Renaud*, préfacé par David et Thierry Séchan, Éditions Didier Carpentier.

France » des congés payés et du Salon de l'auto. Régulièrement, des journalistes s'efforceront d'édulcorer les propos subversifs de Renaud et de réduire ses « excès de langage » à des formules sans conséquence d'adolescent attardé. Pourtant, nom d'un chien, *Camarade bourgeois*, *Société, tu m'auras pas !* ou *Hexagone*, ce n'était pas rien !

Revanche de l'histoire : le 20 novembre 1975, ce « salaud de Franco », après de longs mois d'agonie, crève enfin. Ces longs mois d'agonie auront servi à préparer le retour de la monarchie en Espagne. Deuxième mort du Caudillo : à peine monté sur le trône, Juan Carlos rétablira la démocratie !

Sur le plan littéraire, le 17 novembre, une bonne blague : Romain Gary obtient un deuxième prix Goncourt sous le pseudonyme d'Émile Ajar, pour *La Vie devant soi*. Fortiches, les Goncourt !

L'année se termine. Le 27 décembre, le ministère de l'Intérieur publie les chiffres du recensement du 20 février. La France compte officiellement 52 658 243 habitants. Trente ans après, nous sommes soixante-deux millions, sans compter les sans-papiers...

Allô, Madame Séchan ?
Ici, Eddie Barclay

Le 8 février 1976, le Parti communiste français abandonne la référence à la « dictature du prolétariat ». Renaud s'en fout pas mal. Ce qu'il voit, c'est que, depuis dix mois, il galère. Son album s'est vendu à 2 000 exemplaires, ce qui n'est pas Byzance [1]. Pas de quoi pavoiser, et surtout, pas de quoi bouffer. Europe I et France Inter l'ont interdit d'antenne. Seul Jacques Erwan [2] avait osé le programmer sur France Musique, ce qui lui avait coûté sa place... À la suite d'un de ses rares passages à la radio, Lucien Gibarra engage Renaud durant trois semaines – en première partie d'Yves Dautin – à la Pizza du Marais, haut-lieu de la nouvelle chanson française. Après son spectacle – chanteur de rue décontracté, il se montre mort de trac devant un seul spectateur ! –, il fait souvent le barman pour arrondir ses fins de mois.

Lorsque son « contrat » se termine, il revient aux « petits boulots ». Car il est courageux, Renaud ! Même s'il peut revenir manger et dormir chez papa-

---

1. Curieusement, ce mot « Byzance » deviendra son mot fétiche...
2. Jacques Erwan fut également le premier journaliste à encenser Renaud, dans *Libération* (qui n'était pas encore le journal de la bien-pensance qu'il est devenu), le 30 juillet 1975, dans un article intitulé : « Renaud au bonheur de Paname. »

maman (et il ne s'en prive pas !), il préfère travailler, gagner sa vie. De temps à autre, il chante dans une MJC, ces maisons de la jeunesse et de la culture créées par Malraux et depuis fermées, faute de crédits. Et puis, il obtient parfois un petit rôle à la télévision, dans *Un juge, un flic*, de Denys de la Patellière, où il joue le rôle d'Alain, un voyou, ou encore, dans *La neige de Noël*, de Michel Wyn, où il tient le rôle d'un dealer toxicomane. Des « panouilles », comme on dit, à peine mieux payées que des rôles de figurant. Rien de bien exaltant.

En attendant des jours meilleurs, Renaud fréquente assidûment le Rendez-vous des Amis [1], un café-restaurant de la rue Sainte-Croix-de-la-Bretonnerie tenu par la merveilleuse Mme David (un peu comme si la Jeanne de Brassens avait tenu un estaminet dans le XIVe arrondissement...), mère universelle et farouche protectrice des artistes fauchés. Des années plus tard, Mme David évoquera ainsi son client le plus célèbre des années 70 : « Il avait l'air plutôt timide. Il était calme et discret. Il buvait des cafés et du Vichy quand il avait la gueule de bois. Il s'asseyait dans un coin et écrivait des chansons. C'est seulement à partir de son deuxième disque qu'il m'a invitée au restaurant et qu'il m'a fait écouter la bande [2]. »

---

1. Dans la première partie de sa carrière, Le Rendez-vous des Amis jouera le rôle de La Closerie des Lilas bien des années après.

2. Propos rapportés par Alain Wodrascka, *op. cit.*

Au mois de mai 1976, à l'occasion d'une émission de Bernard Pivot demeurée fameuse, Bernard-Henri Lévy, chemise blanche échancrée et cigarette à la main, lance l'expression « les nouveaux philosophes ». Depuis longtemps, Renaud lui voue un mépris absolu, jusqu'à l'exprimer, en 2001, dans *L'entarté*.

Le 5 mai de la même année, c'est la création du FLNC. en Corse. Dans *Boucan d'enfer*, l'artiste dira ce qu'il en pense à travers une belle chanson dédiée à notre ami François Santoni : *Corsic'armes*.

Le 16 juin, c'est le début de la révolte de Soweto, en Afrique du Sud. Renaud en parlera notamment dans *Jonathan*.

Le 18 juillet, c'est le « casse du siècle » à la Société générale de Nice. L'auteur de cet exploit s'appelle Albert Spaggiari. Il inspirera à Renaud l'une de ses chansons les plus drôles : *Buffalo débile*.

En passant par les égouts, juste devant ma maison,
J'ai creusé un tunnel de dix-huit mètres de long.
J'ai atterri dans la cave d'une laiterie parisienne,
J'ai pris trois cents carambars, un kilo de madeleines,
J'ai eu des crampes d'estomac au moins pendant trois
[semaines.

Et Renaud termine ironiquement sa chanson par les six mots laissés par Spaggiari sur un mur de la Société générale de Nice : *Ni haine, ni arme, ni violence.*

L'année s'achève, un peu amèrement pour l'artiste, puisque, s'il écrit encore des chansons, il n'a plus de maison de disques. Comment pourrait-il se douter que, quelques mois après, notre maman allait recevoir un stupéfiant coup de téléphone : « Allô, Madame Séchan ? Ici, Eddie Barclay » ? Surtout, comment pourrait-il se douter que, à l'orée de l'année 1977, il va rencontrer celle qui allait devenir la première femme de sa vie : Dominique ?

L'apparition de Dominique

Oui, l'Apparition, avec un *a* majuscule, comme on parle d'Apparition divine, telle l'Apparition de la Sainte-Vierge à Fatima. Engagé par Martin Lamotte pour jouer dans une pièce (très médiocre) dont il est l'auteur, *Le Secret de Zonga*, Renaud fait la connaissance de la jeune et ravissante Dominique Lanvin qui deviendra trois ans plus tard (le 1er août 1980, très exactement) Dominique Séchan.

Huit ans plus tôt, Dominique a épousé Gérard Lanvin, le futur grand comédien [1] que chacun connaît. Ensemble, ils ont « fait les marchés », un boulot difficile qui exige de se lever aux aurores. Puis, Gérard a rejoint la « bande à Coluche », tandis que la belle Dominique rêvait de cinéma et de théâtre :

---

1. On ne m'empêchera pas de penser qu'avec un meilleur caractère et plus de discernement dans le choix de ses rôles, Gérard aurait pu devenir un *immense* comédien.

Quand elle était plus p'tite,
Elle voulait faire actrice,
Ramasser plein d'pognon,
Vivre jeune, mourir vite.

Quatre vers de *Mimi l'ennui*, que Renaud enregistrera en 1980.

Dominique se tourne vers le théâtre, ou plutôt, vers le café-théâtre, véritable phénomène de société depuis le début des années 70. C'est ainsi qu'elle se retrouve dans *Le Secret de Zonga*, aux côtés, notamment, de Martin Lamotte, de Roland Giraud et... de Renaud. Jouée durant quelques semaines à la Veuve Pichard, à deux pas du Rendez-vous des Amis, la pièce obtient un succès d'estime. Cependant, l'expérience est magnifique pour Renaud puisqu'elle lui permet d'apprendre à connaître Dominique, sa future « gonzesse ».

Côté fait divers, une bonne nouvelle : le 10 mars, Albert Spaggiari, qui avait été arrêté peu après le « casse du siècle » (vraisemblablement « balancé »), s'évade spectaculairement du palais de justice de Nice.

Côté politique, le 25 mars, Jacques Chirac est élu maire de Paris. Vivement Delanoë !

Côté culturel, deux faits notables en 1977 : le 31 janvier, le Centre national d'art et de culture Georges-Pompidou est inauguré ; l'horreur architecturale moderne s'installe au cœur de Paris ; les futurs bobos rayonnent d'un bonheur indicible ; plus sympathique, le 6 avril, c'est l'ouverture du 1ᵉʳ Printemps de Bourges, dont Renaud deviendra un fidèle abonné.

Côté nécrologie, c'est la mort, le 16 août, à Graceland, Memphis, Tennessee, d'Elvis Presley, dit « le King ». Alain Paucard déprime sérieusement [1].

Laisse béton !

Et voilà notre Renaud « morgane » de Dominique, ce qui ne l'empêche pas d'écrire. Bien au contraire. Sa Domino le stimule, stimule son imagination. Il a trouvé sa muse, son inspiratrice ! À n'en pas douter, ce regain d'énergie artistique va finir par payer. Cela paiera.

En 1977, Renaud change de look. Il troque sa casquette de gavroche contre un Perfecto et une paire de santiags. De cette transformation radicale, il s'expliquera bien des années après : « Je me suis aperçu que c'était un peu folklore, l'accordéon, la Butte Montmartre, les poulbots… En ce sens que les marlous d'aujourd'hui, c'est des loubs, qu'on ne dit plus une gisquette mais une gonzesse, et les gapettes à carreaux et les bals musette, c'est fini [2]. »

---

[1]. Écrivain et homme de radio, Alain Paucard est le président à vie du Club des Ronchons, club interdit aux femmes, aux animaux et aux plantes vertes, dont je suis membre d'honneur. En outre, Alain Paucard est un fan inconditionnel d'Elvis Presley.

[2]. Propos rapportés par Alain Wodrascka, *op. cit.*

Renaud a décliné l'offre de Monsieur Barclay. Il a signé avec Polydor, qui demeurera sa maison de disques jusqu'en 1983. La direction musicale de ce second album – réalisé moins chichement que le précédent ! – est confiée à Alain Le Douarin et Patrice Caratini, deux excellents musiciens issus du jazz. Le grand Joss Baselli – ancien accompagnateur de Barbara – est à l'accordéon, cet accordéon qui, au fil du temps, apportera la griffe musicale de Renaud, surtout entre les mains de Jean-Louis Roques.

Place de ma mob (qui aurait dû s'appeler *Laisse béton*) est le disque du premier « tournant ». Dans la « trajectoire » de Renaud, il y en aura quatre. Les douze titres de l'album (tous signés par Renaud, à l'exception de *La chanson du loubard*, chanson « renaudienne » en diable dont Muriel Huster – la sœur de Francis, le grand comédien un peu mégalo – a écrit les paroles) confirment de façon absolue l'originalité de cet artiste pas comme les autres. *Laisse béton, Le blues de la Porte d'Orléans, Je suis une bande de jeunes, Jojo le démago, Buffalo débile, La boum, Adieu, minette, Germaine et Mélusine* témoignent des progrès de son humour et de son inventivité. Autant les personnages de son premier album étaient rapidement croqués, comme à la va-vite, autant ceux-là sont dessinés à la perfection. À ce ton qui n'appartient qu'à lui, à cette écriture débridée, imaginative, vigoureuse, on sait qu'un authentique artiste est né. Sentiment que renforce, bien évidemment, l'écoute de ces chansons plus graves que sont

Les charognards, *La bande à Lucien* et *La chanson du loubard*. En trois chansons, Renaud pose le problème des jeunes et de la délinquance, mieux que ne l'avaient fait cent sociologues en dix ans.

Renaud s'est toujours étonné que *Adieu, minette* fût une de mes chansons préférées.

Voici son refrain suivi de deux couplets :

> *Adieu, fillette, nous n'étions pas du même camp.*
> *Adieu, minette, bonjour à tes parents.*

> *Faut pas en vouloir aux marioles,*
> *Y z'ont pas eu d'éducation.*
> *À la Courneuve, y'a pas d'écoles,*
> *Y'a que des prisons et du béton.*

> *D'ailleurs, y z'ont pas tout cassé,*
> *Y z'ont chouravé qu'l'argenterie.*
> *Ton pote qui f'sait du karaté,*
> *Qu'est-ce qu'on y a mis, qu'est-ce qu'on y a mis !*

Coup de cœur d'un animateur-radio quelconque (merci quand même !), *Laisse béton* devient rapidement un tube. Numéro un au hit-parade de RTL, le seul qui compte vraiment à cette époque ! Ma mère est dans tous ses états. Moi, je me dis que mes ennuis ne font que commencer...

Le 45-tours se vendra à 300 000, l'album à 200 000 (aujourd'hui, il s'en est vendu 600 000 copies...). La presse est unanime. Un exemple parmi cent autres, cet article publié dans *Variétés françaises* : « Renaud : *Laisse béton*. Il a heureusement déserté les plates-bandes de Daniel Guichard pour affirmer sa propre personnalité : celle d'un gavroche qui manie l'argot comme une mitraillette. Il a un accent inimitable qu'on attrape dans les cours de récréation des communales de banlieue. La prose de Renaud est moins innocente qu'il n'y paraît à la première écoute. Son disque se détache nettement de la production de ces dernières semaines [1]. Par le ton et l'inspiration, je pense à *Jojo le démago* et *Laisse béton,* Renaud se situe quelque part entre Bruant et Ferré. La chanson qu'il dédie à Andreas Baader dit bien la colère et les larmes d'une génération qui épouse les causes les plus désespérées et pas seulement par goût de la provocation. »

Ferré, c'est pas frappant... Mais Bruant, bien évidemment, puisque Renaud en est la réincarnation !

Un autre exemple, l'article de Thierry Haupais dans *Libération*, daté du 14 novembre 1977 et intitulé : « Renaud : loubard par romantisme. » « Une gueule de poulbot, des tifs blondasses, un Perfecto sur le dos, le rictus fouinard et l'accent parigot. Le gus en question s'appelle Renaud. Frimeur de première, il roule les mécaniques chaque soir à 20 h 30 sur la scène des Blancs Manteaux. Loubard de pacotille, il chante les aventures minables de tous ces tordus des périphéries : les marlous. "J'veux chanter l'humour et la tendresse qu'il y a chez ces gens et

---

[1]. L'auteur a sans doute voulu dire « de ces dernières années ».

même, à la limite, ridiculiser ce côté agressif James Dean qui me fait souvent chier… J'suis loubard par romantisme, par folklore, c'que j'aime c'est le côté cow-boy du macadam. J'essaye de démystifier le marlou pour le rendre plus sympa et aussi parce que j'en ai un peu peur." Son tube ? *Laisse béton.* Un hymne en verlan à la baston, aux châtaignes et aux marrons. Sa passion : être une minorité nationale à lui tout seul. *Je suis l'séparatiste du 14e arrondissement/Je suis l'autonomiste de la Porte d'Orléans.* Son moyen de transport favori : la meule. Durant son tour de chant, Renaud dégomme tout ce qui ferait, paraît-il, le charme de l'adolescence : les boums, les bandes, la drague, la cogne. Il le fait avec suffisamment d'humour et de tendresse, comme en témoigne le disque qu'il vient d'enregistrer chez Polydor, pour que vous vous remuiez les miches, un de ces soirs, et alliez jeter un œil. Faites gaffe à vos larfeuilles. »

Par la suite, l'excellent Thierry Haupais devint directeur artistique chez Virgin. Aujourd'hui, installé à Trouville où je le croise parfois, il s'occupe d'un journal culturel régional.

Dernier exemple, ce dernier paragraphe d'un article de Bernard Mabille dans *Le Quotidien de Paris* : « Plus qu'un tour de chant, une étude de mœurs pour nous apprendre à regarder et à mieux comprendre. »

Ben, mon colon !….

Au début de l'année 78, Renaud se met en quête d'une formation musicale plus étoffée. Pour présenter son spectacle au Printemps de Bourges (où il triomphera) en avril, il s'entoure de Mourad Malki (guitare, banjo et chœurs), qui demeurera l'un de ses meilleurs copains (il sera présent au mariage de Renaud avec la belle Romane, le 5 août 2005), de son frère, le gentil Khaled (claviers, flûte et percussions), de Jean-Luc Guillard (batterie), de Michel Galliot (basse) et de José Perez (pedal steel, mandoline). Un vrai groupe, donc, baptisé Oze, avec lequel l'artiste « tournera » pendant deux ans.

Fin avril, Renaud triomphe également à Clermont-Ferrand. Le journaliste de *La Montagne* (le journal de notre regretté Alexandre Vialatte) écrira : « On prend le tour de chant comme un coup de poing dans la figure. Jean rapiécé, blouson de cuir noir. Douce violence. Sans doute le plus gros succès du Grand Théâtre de la Maison de la Culture. »

La soudaine « Renaudmania » va rapidement gagner la Belgique. Le 30 juin, l'artiste remporte le premier prix du Festival de Spa avec *Chanson pour Pierrot*, qui figurera sur son prochain album *Ma gonzesse*.

Tandis que Renaud triomphe sur les planches de France et de Belgique, un drame national survient le 11 mars 1978 : Claude François meurt électrocuté dans sa baignoire. Renaud décide de ne plus se laver. Plaisanterie mise à part, ce 11 mars ressemble étrangement à ce jour où Armstrong a marché sur la lune : chacun se souvient de l'endroit où il se trouvait au moment où sa mort fut annoncée.

Un malheur n'arrivant jamais seul (j'aimais bien Clo-Clo), le 17 mars, c'est le naufrage de l'*Amoco Cadix*. C'est la première grande « marée noire » de notre histoire. Hélas, ce ne sera pas la dernière.

Le 11 juillet, en Espagne, cent quatre-vingts morts au camping de Los Alfaques. Chaud, l'été !

Le 10 octobre, l'ayatollah Khomeiny s'installe à Neauphle-le-Château. Par haine du Shah d'Iran, nous applaudissons comme des enfants stupides.

L'année se termine mal : le 31 décembre, nous sommes sans nouvelles d'Alain Colas, disparu sur l'Atlantique pendant la Route du Rhum. On ne reverra plus le grand navigateur et son bateau, *Manureva*. Plus tard, sur des paroles de Serge Gainsbourg, Alain Chamfort, notre David Bowie, chantera *Manureva*.

Sa gonzesse

J'aimerais bien, un d'ces jours,
Lui coller un marmot,
Ah ouais, un vrai qui chiale et tout
Et qu'a tout l'temps les crocs.
Elle aussi, elle aimerait ça,
Mais c'est pas possible,
Son mari y veut pas,
Y dit qu'on est trop jeunes.

Ma gonzesse,
Celle que j'suis avec.

Ma princesse,
Celle que j'suis son mec.

Eh, oui, en cette fin 78, Dominique est toujours Mme Lanvin ! Mais, désormais, les tourtereaux vivent ensemble, dans un appartement pittoresque de la rue Sainte-Croix-de-la-Bretonnerie. Renaud a acheté les combles d'un immeuble particulier et il en a fait un appartement à trois ailes. Par la suite, il fera aménager une terrasse au grand dam de quelques riverains, scandalisés par cette transformation illégale d'un immeuble classé. Les opportuns tenteront de le contraindre à tout remettre en état, mais, grâce à Louis Amade, poète et préfet de police honoraire de la Ville de Paris, l'affaire sera classée ! Renaud acceptera de mettre sa terrasse en conformité avec l'architecture de l'immeuble.

Ma gonzesse est, sans conteste, l'album de la maturité. Et ce sera l'album de la consécration, qui le fera définitivement entrer dans la « cour des grands ».

Réalisé par Jacques Bedos, arrangé par Jean-Claude Dequéant et Pascal Stive, l'album compte neuf chansons (toutes excellentes ou magnifiques) et un poème (*Peau aime*, précisément) enregistré en public à Strasbourg. Outre le tube *Ma gonzesse* (la musique, parfaitement adéquate, comme épousant le balancement des hanches de Dominique et des statues de Maillol, a été composée par le regretté Alain Brice, au Rendez-vous des Amis), on retiendra l'hilarant – quoique nostalgique – *La tire à Dédé*, le très

« souchonien [1] » *J'ai la vie qui m'pique les yeux*, et puis, bien sûr, l'admirable *Chanson pour Pierrot*. Pour citer encore Wodrascka (après tout, j'ai préfacé son ouvrage avec mon frère David !) : « ... Bercé par la langueur du piano dialoguant avec l'accordéon, Renaud évoque cet enfant fantasmé à travers lequel il brosse son autoportrait. »

> *Pierrot,*
> *Mon gosse, mon frangin, mon poteau,*
> *Mon copain, tu m'tiens chaud,*
> *Pierrot.*
>
> *Dans un coin de ma tête,*
> *Y'a déjà ton trousseau :*
> *Un jean, une mobylette,*
> *Une paire de Santiago.*
>
> *T'iras pas à l'école,*
> *J't'apprendrai des gros mots,*
> *On jouera au football,*
> *On ira au bistrot.*

Renaud, jouer au football ? À mourir de rire. Regardez le football à la télé, oui ! (Voir, plus loin,

---

[1]. Il est amusant de constater que les deux plus grands artistes de la fin du XXe siècle se nomment respectivement Séchan et Souchon. Heureusement que Renaud ne s'est pas appelé Alain, ou Alain, Renaud !

J'ai raté Télé-foot). Et pour clore ce disque superbe, *Peau aime*, périlleux exercice d'autodérision et de démystification du personnage. « Bien sûr que je suis un faux loubard », semble-t-il dire à son public aux anges. « Bien sûr que je suis un faux violent ! »

Du 13 au 17 mars 1979, Renaud est au Théâtre de la Ville, toujours avec son groupe Oze. Le merveilleux Jacques Erwan (celui-là même qui avait été viré de France Musique pour avoir programmé *Hexagone*...), écrira lui-même le texte du programme. De ce long texte, je retiendrai ces deux extraits : « Nombre de ses chansons doivent être entendues au second degré. Ainsi, s'il chante la violence, est-ce la plupart du temps avec l'esquisse d'un sourire ou l'amorce d'un clin d'œil qui atténuent, voire contredisent le propos. Au menaçant "sors dehors si t'es un homme !", Renaud s'empresse de répondre dans l'un de ses textes : "Moi, dans ces cas-là, j'sors pas." » Et puis : « C'est au cœur que Renaud s'adresse. Dans un langage simple, direct et vivant, pétri d'images et truffé d'expressions argotiques, qui irrigue des textes corrosifs et acides, grinçants et amers, drôles et parodiques, lyriques et tendres... »

Bien vu, Jacques.

Autodérision, avons-nous dit, mais aussi confession sincère d'un artiste humain, trop humain :

> *Des copains, j'en ai des tonnes,*
> *Toutes les nuits, dans tous les rades,*
> *Tous les paumés, les ivrognes,*

> *Tous les fous, les malades,*
> *Qui, devant un « perroquet »,*
> *Une Kanter ou un p'tit joint,*
> *S'déballonnent dans un hoquet,*
> *Et r'font l'monde à leur image.*
> *Tous ces mecs, c'est mes copains.*
> *Eh ! Touche pas à mon copain !*

En 1979, Renaud va présenter son spectacle dans toutes les grandes villes de France. Cette année-là voit le départ du premier Paris-Dakar. En 1991, Renaud « rendra hommage » à cette course répugnante en écrivant *500 connards sur la ligne de départ* :

> *Cinq cents connards, sur la ligne de départ*
> *Cinq cents couillons dans leurs camions*
> *Ça fait un max de blairs*
> *Aux portes du désert*
> *Un paquet d'enfoirés*
> *Au vent du Ténéré*

Et, pour nous rappeler la réalité morbide du Paris-Dakar, Renaud poursuit :

> *Passe la caravane,*
> *Et les chiens n'aboient plus,*
> *Sous les roues des bécanes,*
> *Y'a du sang répandu.*
> *C'lui des quelques sauvages*
> *Qui ont voulu traverser*
> *Les rues de leur village*

Quand vous êtes passés
Comme des petits Rommel
Tout de cuir et d'acier,
Crachant vos décibels
Aux enfants décimés.

L'édition 2006 du Paris-Dakar fut bien décevante : *seulement* trois morts ! Et encore : deux petits Sénégalais de dix ans, ça ne compte pas. Le troisième fut un motard, mais lui, il ne l'avait pas volé ! Après tout, ces gens-là savent que le Paris-Dakar, ce n'est pas une promenade de santé !

Le 31 janvier, l'ayatollah Khomeiny quitte Neauphle-le-Château. Bon débarras ! Hélas, son action, ses crimes vont bientôt nous faire regretter le Shah d'Iran.

Le 4 mai, Margaret Thatcher, cinquante-trois ans, devient Premier ministre. Renaud dira tout le bien qu'il pense de cette s... dans *Miss Maggie* :

Femmes du monde ou bien putains,
Qui, bien souvent, êtes les mêmes ;
Femmes normales, stars ou boudins,
Femelles en tout genre, je vous aime.

Même à la dernière des connes,
Je veux dédier ces quelques vers,
Issus de mon dégoût des hommes
Et de leur morale guerrière.
Car aucune femme sur la planète
N's'ra jamais plus con que son frère,

> *Ni plus fière, ni plus malhonnête,*
> *À part, peut-être, Madame Thatcher.*

La chanson fut traduite (remarquablement) en anglais, mais elle ne fut jamais diffusée au Royaume-Uni. Richard Branson, le P.-D.G. de Virgin, comptait bien être anobli par Mme Thatcher (ce qui advint) et cette chanson pouvait compromettre ses chances de devenir *Sir* Richard Branson. Cependant, la version anglaise circula dans les pubs d'Irlande du Nord où elle fut chantée avec un bel enthousiasme.

Le 18 août, le paquebot *France* est revendu à un armateur norvégien qui le rebaptise *Norway*. Les syndicats se déchaînent et Michel Sardou vient les flatter :

> *Ne m'appelez plus jamais* France.
> *La France, elle m'a laissé tomber.*
> *Ne m'appelez plus jamais* France,
> *C'est ma dernière volonté.*

Le 20 septembre, Pierre Goldman reconnu innocent (au bénéfice du doute…) en 1976 du double meurtre de l'avenue Richard-Lenoir, est abattu devant chez lui par trois tueurs d'« Honneur de la police ».

Le 16 octobre, les Frères Jacques débutent à la Comédie des Champs-Élysées leur tournée d'adieu. Trente ans de carrière, trois cents chansons ! Nous étions liés aux Frères Jacques par François Soubeyran (le plus grand des quatre) qui était le parrain de notre sœur Nelly. Moi, j'étais – et je suis encore !

– le filleul de son épouse, la merveilleuse Janie, ma « deuxième mère ».

Le 2 novembre, Jacques Mesrine est assassiné par la police. Le commissaire Broussard exulte et revendique ce crime d'État.

Pour terminer en beauté, le 24 décembre, c'est le lancement réussi de la première fusée Ariane, à partir de la base de Kourou, en Guyane.

Premier tournant

Marche à l'ombre sera pour Renaud l'album du premier tournant. Refusant de se laisser étiqueter « sympathique gavroche contestataire », il va montrer – et avec quelle virulence ! – qu'il est avant tout un révolutionnaire. Sur dix chansons, huit seront plus ou moins violentes, la palme revenant sans conteste à *Où c'est qu'j'ai mis mon flingue ?* Là, on n'est plus dans Paname, mais dans *Orange mécanique* :

> *J'veux qu'mes chansons soient des caresses*
> *Ou bien des poings dans la gueule,*
> *À qui qu'ce soit que je m'agresse,*
> *J'veux vous remuer dans vos fauteuils.*
> *Alors, écoutez-moi un peu,*
> *Les pousse-mégots et les nez-d'boeux,*
> *Les ringards, les folkeux, les journaleux.*
> *D'puis qu'y'a mon nom dans vos journaux,*
> *Qu'on voit ma tronche à la télé,*
> *Où je vends ma soupe empoisonnée,*

> *Vous m'avez un peu trop gonflé.*
> *J'suis pas chanteur pour mes copains*[1]
> *Et j'peux être teigneux comme un chien.*

« Teigneux », l'album l'était, en effet, à un point que Renaud ne soupçonnait peut-être même pas ! Du reste, sur le même album figurait *La teigne*, autoportrait à peine dissimulé.

> *L'était bâti comme un moineau*
> *Qu'aurait été malade.*
> *À la bouche, derrière son mégot,*
> *Y'avait des gros mots en cascade.*
> *L'était pas bien gros, c't'asticot,*
> *Mais c'était une vraie boule de haine,*
> *On y filait plein d'noms d'oiseaux,*
> *Même ceux qui l'connaissaient qu'à peine*
> *L'appelaient la teigne.*

« L'asticot », c'est ainsi que Coluche avait surnommé Renaud, à l'époque où il ne pesait guère plus de soixante kilos... Dominique avait repris à son compte ce gentil sobriquet.

Teigneuses également, *Les aventures de Gérard Lambert*, hommage en forme de croche-pied à Gérard... Lanvin :

---

1. Allusion au *J'suis chanteur, je chante pour mes copains* de Daniel Balavoine, artiste prématurément disparu dans un quelconque Paris-Dakar.

> *...Alors, d'un coup d'clé à molette*
> *Bien placé entre les deux yeux,*
> *Gérard Lambert éclate la tête*
> *Du Petit Prince de mes deux*

Non, mais !

> *Faut pas gonfler Gérard Lambert*
> *Quand y répare sa mobylette.*

C'est vrai, quoi !

Teigneuse encore, *Dans mon HLM* :

> *Putain, c'qu'il est blême, mon HLM !*

Et puis, *La teigne*, on l'a dit, et encore *Baston !*, sur une musique du regretté Michel Roy, mort du sida il y a quelques années :

> *Alors, ce soir au baloche,*
> *Avec son manche de pioche*
> *Il ira au baston, baston,*
> *Comme le prolo va au charbon.*
> *Il ira au baston, baston,*
> *Fil'ra des coups, prendra des gnons,*
> *C'est p't'être con, mais tout est con !*

Teigneuses, toujours, *Mimi l'ennui* et *L'auto-stoppeuse* :

> *Je l'ai gerbée de ma bagnole*
> *À grands coups d'latte !*

Et puis, retour à l'autodérision avec *Pourquoi d'abord ?*, pendant rigolard à *Peau aime*, plus poétique :

> *Dis-moi, Renaud, d'abord, pourquoi*
> *T'as un blouson noir ?*
> *Dis-moi, d'abord, est-c'que c'est vrai*
> *Que t'es un loubard ?*

Ben, non, évidemment !

Pour enregistrer ce quatrième album, Renaud a choisi le studio Ramsès de son pote Alain Ranval. Il va s'y enfermer de décembre 1978 à janvier 1979 ; après avoir gentiment congédié le groupe Oze, il engage de vrais pros, ce qu'on appelle, dans notre jargon, des « requins » de studio : outre Alain Ranval aux guitares, on trouve Amaury Blanchard à la batterie (« Amaury est fâché » deviendra, sur scène, une antienne de Renaud), Jean-Philippe Goude aux claviers, Gérard Prévost à la basse et... Jean-Louis Roques à l'accordéon.

Sur la pochette, Renaud porte un blouson noir et arbore son fameux bandana rouge. Il a un regard hiératique, presque inquiétant. L'album se vendra à plus de six cent mille exemplaires...

Renaud a véritablement opéré un tournant : le gentil contestataire s'est transformé en un dangereux boutefeu.

Le 21 septembre, Gérard d'Aboville achève sa traversée de l'Atlantique à la rame.

Le 3 octobre, c'est l'attentat antisémite de la synagogue de la rue Copernic. Le 7 octobre, nous sommes deux cent mille à défiler à l'appel du MRAP. Les mouvements sionistes récupèrent l'événement.

Le 30 octobre, Coluche se déclare candidat à l'élection présidentielle.

Le 9 décembre, John Lennon est assassiné à New York devant l'hôtel Dakota. Cette fois, les Beatles sont vraiment morts. Le groupe légendaire ne se reformera plus jamais. Ou alors, au Ciel.

Renaud et Tonton sur le mont Olympe

1981 verra l'élection de François Mitterrand, après tant d'années, tant d'occasions manquées. Le 10 mai, il est élu contre Valéry Giscard d'Estaing avec 51,76 % des voix.

Le 11 mai, jour anniversaire de David et Renaud, panique à la Bourse ! Les valeurs françaises ne sont plus cotées. Le franc est à son cours plancher.

Une semaine auparavant, le 5 mai, Bobby Sands, un des dix grévistes de la faim emprisonnés pour cause d'appartenance à l'IRA, meurt. Cette s... de Margaret Thatcher a gagné son bras de fer.

Le 24 mai, Mitterrand entre en fonction et se rend au Panthéon pour y déposer quelques roses sur les mausolées des « grands hommes ». Nous y étions !

Le 23 mai, le premier Salon du Livre de Paris, qui se tient alors au Grand Palais, est inauguré par Jack Lang, ministre de la Culture.

Le 18 septembre, par 369 voix (dont celle de Jacques Chirac !) contre 113, la peine de mort est abolie ! Renaud ne pourra plus chanter :

> *... Mais ils oublient qu'la guillotine,*
> *Chez nous aussi fonctionne encore.*

Alors, il chantera :

> *... Mais ils oublient qu'la guillotine,*
> *Chez nous aussi ça plaît encore.*

Le 2 octobre, le projet de loi sur les radios libres est adopté.

Le 29 octobre, la nouvelle la plus triste de l'année : Georges Brassens est mort, à Saint-Gély-du-Fesc. Les amoureux de la grande chanson française sont en deuil. Quinze ans après, Renaud enregistrera *Renaud chante Brassens* et fera découvrir le bon maître aux nouvelles générations.

En 1981, Renaud enregistre, toujours au studio Ramsès, son cinquième album, *Le retour de Gérard Lambert*. D'une grande qualité, ce nouvel opus est moins percutant que le précédent. Pour autant, c'est un excellent album, malgré la présence insolite de *Soleil immonde*, chanson parodique écrite par Coluche, que Renaud enregistrera pour faire plaisir au parrain de Lolita [1]. Cela dit, malgré la faiblesse relative du titre-phare, *Le retour de Gérard Lambert* renferme quelques petits chefs-d'œuvre. Chefs-d'œuvre d'émotion : *Manu, Oscar, La blanche.* Chefs-d'œuvre d'humour : *Le Père Noël noir, J'ai raté Télé-foot, Mon beauf', Étudiant poil-aux-dents, À quelle heure on arrive ?*

Ah, Manu !....

> *Eh ! Manu, rentre chez toi,*
> *Y'a des larmes plein ta bière,*
> *Le bistrot va fermer,*
> *Pi tu gonfles la taulière.*

Ah, Oscar !...

> *Y v'nait du pays où habite la pluie,*
> *Où quand y'a du soleil, c'est un mauvais présage,*
> *C'est qu'y va pleuvoir, c'est qu'y va faire gris,*
> *Il était ch'timi jusqu'au bout des nuages.*

Oscar, notre grand-père maternel, notre cher « Pépé ».

> *Vers soixante-cinq berges, on lui a dit bonhomme,*
> *T'as assez bossé, repose-toi enfin.*
> *L'a quitté Paname et la rue d'Charonne*
> *Pour une p'tite baraque avec un bout d'jardin.*

---

1. Par paresse, ou pur désintérêt, Coluche ne déposera jamais son titre à la SACEM. Plus tard, Véronique, sa veuve, la signera.

« Pépé » et « Mémé » avaient quitté l'avenue Philippe-Auguste et non la rue de Charonne (rue proche que Renaud n'a choisie que pour la rime), pour le village tristounet de Mauchamps, près d'Arpajon.

Ah, *La blanche*, qui tua indirectement (par le sida, comme nous l'avons dit) notre ami Michel Roy. Jusqu'au bout, Michel, qui vivait dans le Sud et que j'allai visiter à plusieurs reprises, continua de sourire à la vie. Pourtant, Renaud l'avait prévenu…

> *Allez, salut, Michel, à la prochaine,*
> *On s'téléphone, on s'fait une bouffe, ça baigne.*
> *Et pi j'vais t'dire, si tu m'fais un sourire,*
> *Tout c'que j't'ai dit, ben je t'jure que j'le r'tire.*
>
> *Mais si j'croise ton dealer, j'y fous dans l'cœur*
> *Un coup d'surin de la part d'un copain.*
> *Ça risque d'êtr'dur, vu que c't'ordure,*
> *Un cœur, ça m'étonnerait qu'il en ait un.*
>
> *On t'couchera avant lui entre quatre planches*
> *Toutes blanches.*

Et puis, quelques chefs-d'œuvre d'humour, comme *J'ai raté Télé-foot* :

> *Ça f'sait douze bières que j'm'enfilais,*
> *Faut dire qu'on était samedi soir.*
> *J'étais tranquillement écroulé*
> *D'vant ma télé, sur mon plumard.*
> *Y'avait Jean-Pierre El-Kavada*

> *Qui m'racontait l'Afghanistan,*
> *Et la Pologne, et le Liban,*
> *Le Salvador, y connaît pas.*
> *L'information, pour ces mecs-là,*
> *C'est d'effrayer l'prolo, l'bourgeois,*
> *À coups d'chars russes, d'ayatollahs,*
> *« Demain, faites gaffe, y va faire froid »,*
> *Et à part ça « eh ben, ça va,*
> *Si s'passe quelque chose, on vous l'dira ».*

Et puis, *Mon beauf'*, bien sûr, tube de cette année 1981 :

On choisit ses copains, mais rar'ment sa famille.
Y a un gonze, mine de rien, qu'a marié ma frangine,
Depuis, c'est mon beau-frère, alors faut faire avec,
Mais c'est pas une affaire, vu qu'c't'un sacré pauv'mec,
Mon beauf, mon beauf'.

Et cette perle :

Le jour où les cons s'ront plus à droite,
Y'a p't'être une chance qu'y vote à gauche,
Mon beauf'.

Que se passe-t-il en 1982, M'sieur ? Pas grand-chose, mon enfant, à part un superbe album live de Renaud, *Un Olympia pour moi tout seul*.

Pour faire court, disons que le 24 juin, Jean-Loup Chrétien est le premier cosmonaute français à participer à une mission spatiale (soviétique).

Le 25 novembre, à Pointe-à-Pitre, Marc Pajot remporte la 2ᵉ édition de la Route du rhum. Honneur suprême, le navigateur sera l'un des quatre cités par Renaud dans *Dès que vent soufflera* :

> *... Mais Tabarly, Pajot,*
> *Kersauzon et Riguidel,*
> *Naviguent pas sur des cageots*
> *Ni sur des poubelles !*

Donc, du 5 au 24 janvier 1982, Renaud s'offre « un Olympia pour [lui] tout seul ». Accompagné par ses musiciens habituels (auxquels s'est joint notre cousin Noël, engagé par l'artiste comme guitariste rythmique, because « au chomdu »), Renaud donne un spectacle haut en couleur devant un public enthousiaste, bien évidemment déjà acquis. À l'issue du spectacle, Yves Montand déclare : « Si j'avais vingt ans, je chanterais ce que tu chantes. » Et notre ami Jean-Michel Boris, directeur de l'Olympia, écrit : « Sous projos bleu, blanc, rouge et clé à molette en néon, Renaud, le rocky de Montrouge, raconte son Hexagone comme on lit du Zola », écrit un reporter. « Il plie les spectateurs en huit, tournant les pages à deux mains, une pour le côté cour, l'autre pour le côté jardin. Complaintes râpeuses ou pamphlets uppercuts, ses rengaines vibrent comme des chansons de rues. On aime ou on n'aime pas, on joue ou on ne joue pas, mais du "Beauf" à la Cabu jusqu'à la "minette de Neuilly", en passant par "L'autostoppeuse" pas vicieuse, ses personnages existent et ne laissent pas indifférent [1]. »

Mais Renaud commence à se lasser des acclamations, du bruit des foules et de la rumeur des villes. Il veut réaliser un rêve d'enfant : construire son propre bateau et quitter la terre pour le vaste océan, tel le capitaine Troy d'*Aventures dans les îles*, le héros d'une série télévisée de notre enfance.

En 1983, après avoir chanté *Dès que le vent soufflera*, Renaud rejoint Éric Tabarly sur le plateau d'une émission télévisée animée par Michel Denisot. À la question de ce dernier lui demandant comment lui est née cette envie de partir en mer, Renaud répond : « Comme une envie de pisser, si je puis m'exprimer ainsi [1] ! »

En attendant que le vent souffle, nous sommes en 1983. À l'enthousiasme de 1981, aux espoirs utopiques que l'arrivée des socialistes au pouvoir a fait naître, a succédé la morosité. C'est le début de la rigueur.

Le 28 février, le *compact disc* est mis en vente sur le marché français.

Le 20 mai, le professeur Luc Montagnier, de l'Institut Pasteur, annonce la découverte du virus du Sida.

Le 5 juin, Yannick Noah gagne les Internationaux de France à Roland-Garros. Cocorico !

---

1. Jean-Michel Boris, *Olympia Bruno – Coquatrix, 50 ans de music-hall*, 2003, éditions Hors Collection.
2. Alain Wodrascka, *op. cit.*

Le 11 septembre, à Dreux, une alliance avec le Front national permet à la coalition UDF-RPR de remporter l'élection municipale. *Shame on you !*

En décembre, Coluche triomphe dans *Tchao Pantin*, de l'ami Claude Berri. En 1984, sa performance lui vaudra d'être « césarisé ».

En 1984, c'est le phénomène Bruce Springsteen qui fait tendre l'oreille. Son album *Born in the U.S.A.* sera l'album le plus vendu cette année-là aux États-Unis et en Grande-Bretagne. Renaud est fan de Springsteen. Lors de son passage à Paris, peu de temps après, il offrira une splendide guitare au Boss.

En 1983, lassé d'être aussi peu aimé et reconnu par Polydor, sa maison de disques, que ses ventes engraissent largement (ce qui permet à Polydor de produire des disques qui ne se vendent pas – tels ceux de Maxime Le Forestier ou de Gérard Presgurvic), Renaud décide de « faire payer » la multinationale : son prochain album, il l'enregistrera à Los Angeles, na ! Polydor n'aura pas à regretter ce surcoût de dépense…

III
À PAS DE GÉANT
1984-2006

Second tournant

Morgane de toi, un album où Renaud semble avoir renoncé à sa violence (souvent gratuite) au profit de la tendresse et de l'émotion (mais, depuis le 9 août 1980, Lolita est là, et bien là...), s'ouvre sur le désopilant *Dès que le vent soufflera.* On connaît la chanson, et les navigateurs, par cœur !

> *C'est pas l'homme qui prend la mer,*
> *C'est la mer qui prend l'homme.*
> *Moi, la mer, elle m'a pris*
> *J'me souviens, un mardi.*

Prononcer mârdi. Et le refrain, connu de tous les écoliers et collégiens de France :

> *Dès que le vent soufflera, je repartira.*
> *Dès que les vents tourneront, nous nous en allerons.*

Ce « je repartira » et ce « nous nous en allerons », quelles délices ! Et quel plaisir, pour les enfants des écoles, d'avoir enfin le *droit* de mal parler !

Suit *Deuxième génération*, chanson sur la difficulté – voire l'impossibilité – de l'intégration pour nos beurs de banlieue.

Pochtron, troisième titre de l'album, est une aimable... pochade, joliment tournée.

Ah ! *Morgane de toi !*... Combien de gamines s'appellent aujourd'hui Morgane grâce à Lolita !

Y a un mariole, il a au moins quatre ans,
Y veut t'piquer ta pelle et ton seau,
Ta couche-culotte avec les bonbecs dedans,
Lolita, défends-toi, fous-y un coup de râteau dans l'dos.

Doudou s'en fout n'est pas un chef-d'œuvre, loin s'en faut, mais la musique est entraînante, dansante. Et puis, c'est un joli petit hymne à la négritude.

Chef-d'œuvre absolu, en revanche : *En cloque*, chanson sur les affres de la paternité. Un jour, le grand auteur (plus de 4 000 chansons...) et président de notre chère SACEM, Pierre Delanoë, m'a dit que Renaud était un « salaud ». Comme je m'étonnai de ce qualificatif injurieux, il m'expliqua qu'en écrivant *En cloque*, celui-ci avait « bloqué » le sujet pour trois décennies... Essayez, pour voir !

Elle a mis sur l'mur, au-d'ssus du berceau,
Une photo d'Arthur Rimbaud.
'Vec ses ch'veux en brosse, elle trouve qu'il est beau,
Dans la chambre du gosse, bravo !

Déjà les p'tits anges sur le papier peint,
J'trouvais ça étrange, j'dis rien,
Elles me font marrer, ses idées loufoques,
Depuis qu'elle est en cloque.

Ma chanson leur a pas plu est une très amusante chanson parodique. Avec une verve magistrale, Renaud parodie Jean-Patrick Capdevielle (qui venait de triompher avec *Quand t'es dans le désert*), Bernard Lavilliers, Francis Cabrel et… s'autoparodie !

Cela donne :

J'ai rencontré Lavilliers
Un soir à Geoffroy-Guichard,
Dans l'enfer vert immaculé,
J'ui ai raconté mon histoire :
La chanson s'passe à New York,
Y'a Jimmy qui s'fait buter
Par un black, au coin d'un block,
Par un flic très singulier,
Mais il était pas vraiment mort,
Il était blessé seulement,
Jimmy, il est vachement fort,
Il est dealer et on l'dit lent.

On s'y croirait… et puis, l'ami Cabrel :

'Lors j'ai rencontré Cabrel,
Assis au bord d'l'autoroute,
J'ui ai dit : Ma chanson s'appelle

> « *Sur le chemin de la route* ».
> *Et c'est l'histoire d'une nonne*
> *Amoureuse d'un caillou,*
> *Dans sa vie, y'a plus personne,*
> *Que les marchands et les fous.*

« Sur le chemin de la route... » Contrairement à Bernard Lavilliers, Francis Cabrel a de l'humour, et la chanson de Renaud, son impertinent collègue, le fit beaucoup rire.

Déserteur est une belle chanson, à la fois grave et humoristique. *Déserteur*, c'est une profession de foi écologiste. De rose, Renaud a viré au vert :

> *Je n'suis qu'un militant*
> *Du parti des oiseaux,*
> *Des baleines, des enfants,*
> *De la terre et de l'eau.*

Je ne suis pas certain que François Mitterrand ait beaucoup apprécié, en dépit de la sympathique invitation de Renaud en fin de chanson :

> *À la ferme, c'est l'panard.*
> *Si tu veux, viens bouffer.*
> *On fumera un pétard*
> *Et on pourra causer.*

Sur une musique de l'ami Franck Langolff, *Près des autotamponneuses* est une chanson délirante extrêmement drôle :

J'ai connu la Pépette
Aux autos tamponneuses.
Elle, elle avait la sept,
Et moi, j'avais la deuze.
La sienne, elle était verte,
Et la mienne était verte aussi.

Surréaliste... La chanson eût mérité de figurer dans les *charts*, mais ce ne fut pas le cas. Dommage. Dernier titre de l'album, *Loulou,* un texte inspiré par la vie nauséabonde de Georges Elkine, un vague copain.

Le premier clip de l'album, censé illustrer *Morgane de toi*, fut réalisé par notre regretté Serge Gainsbourg, Gainsbarre sur le tournage. Il était arrivé au Touquet avec son scénario écrit sur... un ticket de métro ! Nous étions à l'hôtel Westminster, palace très *british* qui m'inspira le titre d'une pièce de théâtre [1]. Jour et nuit, agapes et déconnade. Le bar de l'hôtel se souvient de nous, mais surtout de Gainsbarre qui, à peine levé, fonçait dans la cuisine et se servait une Guinness. On ne refusait rien à *Monsieur* Gainsbourg ! Avec Franck Langolff (le compositeur) et Philippe de Saint-Phalle (dit Lulu, l'éditeur facétieux), je crois que nous n'avons pas dessoûlé pendant trois jours... Pendant ce temps-là, Renaud, sérieux comme un pape, bossait. Et Gainsbarre

---

1. *Hôtel Westminster*, suivi de *Le Voyage à Venise*, théâtre, Éditions du Rocher, Paris, 2005.

s'enfilait Ricard sur Ricard... Ce fut le clip français le plus cher de ces quarante dernières années... Tout ce fric pour accoucher d'une souris... Les enfants courant à poil derrière Renaud sur la plage, on eût dit la sortie des camps de Buchenwald, en 1945...

N'importe. *Morgane de toi* – sublime chanson d'amour à son enfant, répétons-le – demeura longtemps numéro un au hit-parade.

1984 : l'événement le plus marquant de cette année noire (qui, cependant, voit surgir d'immenses espoirs dans la lutte contre le sida), c'est la famine en Éthiopie.

Le 12 janvier, Edgar Pisani (un honnête homme), délégué du gouvernement, proclame l'état d'urgence en Nouvelle Calédonie. Éloi Machoro, chef du FNLKS est tué par les gendarmes du GIGN. Quelques années plus tard, dans *Triviale poursuite*, Renaud chantera :

> *Question d'géographie :*
> *Où est la Kanaky ?*
> *Combien de flics, de soldats,*
> *Pour tenir Nouméa,*
> *Pour flinguer Éloi ?*
> *Combien de petits Blancs,*
> *De colons arrogants,*
> *Se partageant la terre ?*
> *Et combien de misère*
> *Pour le peuple kanak ?*
> *Combien de coups de matraque ?*

Renaud quatre ans, déjà rêveur...

Dessin de Renaud et de l'auteur à dix ans : deux pacifistes en herbe ...

Oscar, le pépé adoré, entouré de l'auteur, de David et de Renaud (assis)

Renaud à ses tout débuts.

Renaud, guitare et blouson de cuir, fin des années 70.

Dans sa loge du Zénith, Renaud reçoit de l'auteur et de David, un disque de platine pour *Morgane de toi*.

Renaud à Los Angeles, pendant l'enregistrement de *Morgane de toi*.

Renaud se bat pour Ingrid Betancourt

Renaud et Gainsbourg sur le tournage, au Touquet, du clip de *Morgane de toi*.

Les noces de diamant (soixante ans de mariage !) de nos parents, Solange et Olivier, fêtées à la Closerie des Lilas. De gauche à droite ; Nelly, notre mère, Sophie, notre père, David, Christine, Renaud et l'auteur.

Romane et Renaud, le 5 août 2005, jour de leur mariage. Un autre homme pour une autre femme.

Romane et Renaud : deux stars qui s'aiment.

Le 26 janvier, le brave Coluche crée les Restos du cœur. Jean-Jacques Goldman prendra le train en marche. C'est toujours mieux que de rester sur le quai...

Le 10 juillet, à Auckland, Nouvelle-Zélande, le bateau *Rainbow Warrior* de Greenpeace est coulé par la DGSE. Un mort. Un photographe. Le 20 septembre, Charles Hernu est contraint à démissionner. Quand on pense qu'il a une station de métro à Lyon !

Le 22 septembre – chouette ! – Christo emballe le Pont-Neuf. 4 000 mètres carrés de toile ! Sublime ! J'y étais avec ma fille Olivia.

L'année finit dans les larmes. À Bhopal, Inde, l'explosion de l'usine de pesticides appartenant à la multinationale Union Carbide fait deux mille morts. Deux cent mille personnes ont perdu la vue ! Renaud s'en souviendra en 1985, quand il chantera *Morts les enfants* :

> *Morts les enfants de Bhopal,*
> *D'industrie occidentale.*
> *Partis dans les eaux du Gange,*
> *Les avocats s'arrangent.*

Pourtant, l'année avait bien commencé : le 1er janvier, le virus du sida avait été identifié à l'Institut Pasteur, sous la direction des professeurs Luc Montagnier et Simon Wain-Hobson.

En janvier également – le 11, très exactement –, Renaud avait inauguré le Zénith, créé par notre cher

Jack Lang, en présence de François Mitterrand. Renaud invitera Tonton au Zénith. Renaud envoyait tous ses albums au Président, et celui-ci lui répondait toujours. Cette courte missive, par exemple : « Cher Renaud. L'envoi de votre disque et le petit mot qui l'accompagnait m'ont beaucoup touché. Je suis toujours très sensible aux sentiments d'estime que vous voulez bien me témoigner. Croyez, cher Renaud, en mes sentiments les meilleurs. » De sa propre main, le Président a ajouté : « Et en mes pensées très fidèles. »

Chouette, non ? C'est mieux qu'une lettre de redressement fiscal !

Au fil des ans, les relations affectueuses de Renaud et François Mitterrand ne cesseront de s'approfondir, jusqu'à ce jour de 1987 où Renaud s'offrit une page entière dans le défunt *Matin de Paris* pour lancer : « Tonton, laisse pas béton ! » Par la suite, Renaud dînera plusieurs fois avec Mitterrand (chez Julien Clerc, le plus souvent). Le jour de sa mort, il sera l'un des rares fidèles à être invité à se recueillir sur la dépouille funéraire du Président, puis invité par Danièle à Latché. Comme on le sait, Renaud rendra un hommage irrévérencieux à Tonton dans *Tonton*, et il consacrera même une chanson émouvante à son chien Baltique, sur une musique d'Alain Lanty.

En 1984, Renaud a conquis le Québec. Il y sera en juillet, puis en octobre-novembre. Il totalisera le chiffre impressionnant de 75 000 spectateurs (par rapport au nombre d'habitants en France, il faut multiplier ce chiffre par dix !).

Rehjan Rancourt, le producteur qui « sortit » (fit presser) les albums de Renaud, crut avoir une idée de génie : comme il craignait que les fans québécois de Renaud ne comprennent pas son argot, il fit ajouter au livret de *Morgane de toi* un petit lexique. Ainsi, l'on put lire : « c'est le pied », « c'est le boutte » ; « des boudins », des « guenailles » ; « en cloque », « en balloune » ; « pote », « chum » ; « les couilles », « les gosses » ; « baratiner », « chanter la pomme » ; « mufflée », « brosse »... Hélas, il y eut quelques erreurs. Enfin, l'essentiel c'était que Renaud avait ajouté un quatrième pays francophone à son palmarès.

Et puis, 1985 vit Renaud se lancer dans l'opération Éthiopie. Quelques mois plus tôt, le chanteur Bob Geldof avait réuni le gratin de la pop-rock anglaise. Ensemble, ces prodigieux artistes avaient interprété *Do they know it's Christmas ?,* chanson dont le succès avait été planétaire. Autour de Quincy Jones et de Michael Jackson, les Américains avaient repris le flambeau avec *We are the world*. Fallait-il que les Français les imitent ? À la lumière des événements qui suivirent la sortie *d'Éthiopie*, par les « Chanteurs sans frontières », je ne le pense pas.

Tout commença par un appel de Valérie Lagrange (à l'époque, je m'occupais des éditions de Renaud) à mon bureau. Émue – comme tout un chacun – par la famine en Éthiopie, celle-ci souhaitait que Renaud (qui était alors le plus « vendeur » des chanteurs français) prenne la direction d'une opération caritative. Je transmis à Renaud, qui se montra dubitatif :

il n'avait pas d'idée de texte (il n'a jamais su écrire pour les autres, sauf pour Romane...), pas d'idée de musique, et ne savait vraiment pas à qui donner les fonds collectés. C'est Franck Langolff qui régla le problème de la musique. Il confia à Renaud une musique à laquelle ne manquait qu'un « pont ». C'est Thomas Noton, l'ancien directeur artistique de Renaud chez Polydor, qui trouva le pont. Ne manquaient que les paroles. En moins d'une heure, Renaud torcha un texte honorable, mais pas très « renaudien », légèrement gauchiste. Contacté pour faire partie de l'équipe (pour en être un des leaders, avec Coluche, Cabrel, Souchon, Julien Clerc et... Renaud, bien évidemment !), Jean-Jacques Goldman « nous » fit savoir (Renaud s'était défilé, voguant gaiement sur l'océan tandis que nous... ramions pour réunir la trentaine d'artistes qui devaient chanter *Éthiopie*) qu'il se refusait à interpréter le texte si nous n'y apportions pas quelques modifications. Allons, bon !.... quel emmerdeur, celui-là !

En l'absence de Renaud, c'est moi qui fus chargé de corriger son refrain. Merci, Thomas ! Je suai sang et eau pour arriver à édulcorer le texte de mon frère, à le « neutraliser » pour qu'il convienne à tout un chacun. Lorsque Renaud revint, il m'insulta copieusement ! Seulement, voilà... En quelques semaines (en plein été !) le disque s'arracha à un million d'exemplaires. Et ce n'était pas fini ! Le dimanche 13 octobre 1985, ce fut le « concert pour l'Éthiopie », à la Courneuve, présenté par Michel Drucker.

Dominique et Thomas attendaient (*ils* attendaient, car moi, je n'y croyais pas) 100 000 personnes, ils ne furent guère plus de 5 000 au rendez-vous !). Un flop, quoi !

L'opération n'aura pas été complètement inutile : elle aura permis à Coluche de remettre au président de Médecins sans frontières » un chèque de vingt millions de francs destiné à l'achat de plaquettes protéinées (c'est quoi t'est-ce, ce truc ?). Elle aura aussi permis à MSF de faire fabriquer puis afficher sur les murs de France les portraits de Milosevic et de Hitler, l'un valant l'autre, ben, voyons !

Du 27 juillet au 3 août, Renaud est l'invité vedette – en compagnie de Gilles Langoureau et Pierre Meige, chanteurs de qualité mais passés à la trappe depuis belle lurette ! – de la délégation française (dirigée par notre ami d'alors, Dominique Sanchez, qui quittera bientôt le Parti communiste, comme les rats quittent le navire, pour entrer à... *Libération* !) du Festival mondial de la jeunesse et des étudiants de Moscou. Pour Renaud, l'enfer vient de commencer. Moscou. Un enfer qui durera plus de quinze ans. Dès son arrivée, Renaud est effrayé par le déploiement en tous lieux de policiers et de miliciens en tous genres. La présence de Jacques Erwan à ses côtés (journaliste émérite dont nous avons déjà parlé) n'est pas faite pour le rassurer. Jacques est violemment anticommuniste et il fait germer dans l'esprit de Renaud l'idée d'un complot visant l'homme et l'artiste.

Le 30 juillet, Renaud doit chanter au parc Gorki. Six mille spectateurs. Des membres méritants du Parti communiste. Pas de jeunes. Il commence son spectacle avec *Dès que le vent soufflera*, enchaîne avec *Hexagone, En cloque, Germaine*... Au moment où il attaque *Déserteur* – plus exactement, au moment où il chante « Quand les Russes, les Ricains/F'ront péter la planète », deux mille spectateurs se lèvent et quittent les gradins ! Fou de rage, Renaud continue et termine son spectacle tant bien que mal. Dans les coulisses, il laisse exploser sa colère devant un Dominique Sanchez déconfit, blessé. Hélas, il y a la télé... FR3 est là, qui compte diffuser son émission le 20 septembre ! Ils tiennent un scoop : Renaud rompt avec le Parti communiste ! Or, pour l'instant, il n'est pas question de rupture mais de fâcherie. Nous nous battrons comme des lions pour que les réalisateurs suppriment au montage la séquence dérangeante... En vain !

Cette expérience humiliante inspirera à Renaud *Fatigué*, belle chanson d'un homme désabusé, d'un artiste revenu de tout :

> *Jamais une statue ne sera assez grande*
> *Pour dépasser la cime du moindre peuplier*
> *Et les arbres ont le cœur infiniment plus tendre*
> *Que celui des hommes qui les ont plantés.*

Fatigué... Oui, fatigué... Tout comme j'étais fatigué de mon boulot d'éditeur de Renaud, en dépit de la belle carte de crédit au nom de la société qui me permettait d'arroser les parasites de tout poil. Marre des restos où je tenais table ouverte, marre des filles d'un soir qui voulaient coucher avec le frère de Renaud, marre de ne plus lire, et surtout, marre de ne plus écrire ! Fatigué... Fin août, à Los Angeles, alors que Renaud enregistrait *Mistral gagnant*, je décidai de mettre fin unilatéralement à notre collaboration. Finie, la carte de crédit ! Je passai la main et passai le flambeau à mon frère David.

Renaud poursuivit son enregistrement sous la direction de l'excellent Jean-Philippe Goude (par ailleurs, sinistre compagnon de voyage). Il ne le savait pas encore, mais il était en train d'enregistrer son plus bel album, tendre et ironique, moqueur et désenchanté.

Mistral gagnant s'ouvre sur *Miss Maggie*, délicieuse chanson dont nous avons déjà parlé. Suivent *La pêche à la ligne* (musique de Jean-Pierre Bucolo) et *Si t'es mon pote*... Autant la première est drôle et bien ficelée (le grand Francis Cabrel la chantera avec Renaud), autant la seconde présente peu d'intérêt pour moi... La quatrième, c'est le chef-d'œuvre de Renaud, *Mistral gagnant*, écrite en une heure, devant moi, à la guitare, sur un canapé du studio de Los Angeles :

> *Ah, m'asseoir sur un banc*
> *Cinq minutes avec toi*
> *Et regarder les gens*
> *Tant qu'y en a.*

> *Te parler du bon temps*
> *Qu'est mort ou qu'r'viendra,*
> *En serrant dans ma main*
> *Tes p'tits doigts.*

Merveille des merveilles ! Chanson aimée de tous, sans distinction d'âge, de race ou de sexe.

Trois matelots est une chanson plutôt rigolote, mais un peu longuette. Du reste, Renaud en a tout à fait conscience, puisqu'il écrit :

> *Dieu qu'elle est longue,*
> *L'histoire des trois mat'lots,*
> *Presqu'aussi longue*
> *Que l'pont du Clemenceau.*

Tu vas au bal ? est un exercice de style particulièrement maîtrisé qui n'aurait pas déplu à l'immense Boby Lapointe.

P'tite conne est une chanson émouvante, dédiée à Pascale Ogier, jeune actrice au talent prometteur morte d'une overdose.

Renaud pratique volontiers le culte des morts, comme le prouvera de façon éclatante sa chanson *Mon bistrot préféré*.

Le retour de la Pépette n'est pas une très bonne chanson. Comme quoi, *bis repetita*, les retours ne plaisent pas toujours. *Le retour de Gérard Lambert* l'avait prouvé, la suite de *Ma chanson leur a pas plu* le confirmera.

L'album se clôt sur *Fatigué*, un texte inspiré par l'enfer russe, sur une musique de Franck Langolff, dont nous avons déjà parlé.

497 connards sur la ligne d'arrivée

Le 14 janvier (jour anniversaire de notre cher papa), Thierry Sabine, Daniel Balavoine et leur pilote anonyme se tuent en hélicoptère sur le Paris-Dakar. Pour les uns, c'est triste ; pour les autres, ils ne l'ont pas volé (hé ! hé ! C'est le cas de le dire !). Je vous laisse le soin de deviner dans quel camp je me range. Il manquera donc trois « connards » à l'arrivée.

En mars, la gauche perd les élections législatives. Chirac devient Premier ministre. C'est la première cohabitation. Bien fait pour la gauche ! Elle avait qu'à rester de gauche ! Sous son règne, les riches ne se sont jamais autant enrichis, la Bourse atteint des scores records ! Mon ami Alain Paucard en serait presque arrivé à regretter la gauche ! Avec ses actions, son train de vie avait doublé en deux ans !

Le 1er mai (bonne fête, bande de fainéants !), le nuage radioactif de Tchernobyl passe au-dessus de la France. Officiellement, il s'est arrêté à la frontière ! On nous prend vraiment pour des cons, hein ?

Le 17 novembre, Action directe assassine Georges Besse, P.-D.G. de la Régie Renault, devant son hôtel particulier du boulevard Edgar-Quinet.

Ironie du sort : quelques années après, Renaud achètera ledit hôtel particulier !

En décembre, ce sont les grandes manifs des lycéens et des étudiants contre la loi Devaquet. Le 6 décembre, l'étudiant Malik Oussekine est tué par des policiers sous un porche de la rue Monsieur-le-Prince, dans le VIe arrondissement de Paris.

Le fait culturel le plus marquant de l'année, c'est la première place dans le hit-parade de Stéphanie de Monaco. Dans la famille du Rocher, je voudrais la fille cadette !

Le 4 avril 1987, le CNCL attribue TF1 à Bouygues pour la somme ridicule de trois milliards de francs.

Le 3 mai, Dalida se suicide aux barbituriques. *Ciao, bella bambina !* Elle laisse ce court message : « La vie m'est insupportable, pardonnez-moi. » On lui pardonnera, Sevran aussi. Depuis le décès de la belle Égyptienne, on n'a jamais autant entendu *: Il venait d'avoir dix-huit ans/Il était beau comme un enfant/Fort comme un homme...*

Le 18 novembre, c'est le décès de Jacques Anquetil. Comme il nous aura fait rêver celui-là !

Le 22 décembre, le *Canard enchaîné* révèle qu'Yves Montand aurait touché huit cent mille francs pour venir causer avec Anne Sinclair dans « Questions à domicile ». Ah, le salaud ! Et ça donne des leçons de morale et de vertu !

Y a-t-il un Restau du cœur au paradis ?

En 1988, sous la direction de Franck Langolff, Renaud enregistre *Putain de camion* au Palais des Congrès.

Disque sombre, comme sa pochette, noire, avec, au centre, quelques coquelicots, la fleur préférée de Coluche.

> *Enfoiré, on t'aimait bien.*
> *Maintenant, on est tous orphelins.*
> *Putain d'camion, putain d'destin, tiens, ça craint.*

M'ouais... Pas la meilleure chanson de Renaud. Le disque démarre en trombe avec *Jonathan*, chanson dédiée à l'ami Johnny Clegg, que Renaud a connu en Afrique du Sud. Pas terrible... Renaud sera cocasse quand il voudra imiter Johnny Clegg en dansant comme les Zoulous...

Ah, *Il pleut*, voilà une jolie chanson, tendre et mélancolique, avec une magnifique mélodie. Cette chute, si drôle :

> *Tu peux pas t'casser, je t'aime*
> *À m'en taillader les veines.*
> *Et pi d'abord, ça suffit,*
> *On s'casse pas à six ans et demi.*

Joli, non ?

Aussitôt après, *La mère à Titi*. Titi, c'est Bucolo, alias Buc. Une fois de plus, Renaud nous montre à quel point son sens de l'observation est aigu. À n'en pas douter, c'est une de ses plus grandes forces, avec sa poésie, son humour et son sens de la construction que salua Georges Brassens, notre bon maître.

S'ensuit l'excellent *Triviale poursuite*, texte de dénonciation de toutes les saloperies des hommes, texte implacable. *Me jette pas*, chanson prémonitoire, vient en quatrième position. *Rouge-gorge*, après, chanson de Paris dédiée au grand Robert Doisneau qui photographia Renaud avec des résultats plutôt décevants. *Allongés sous les vagues* est une chanson sans prétention, portée par une excellente musique de… Renaud. Avec les années, l'artiste en est venu à oublier qu'il était un excellent compositeur. Après tout, à l'exception de *Manhattan-Kaboul*, tous ses tubes, de *Laisse béton* à *Mistral gagnant*, de *Marche à l'ombre* à *Dès que le vent soufflera*, ont été composées par lui.

Cent ans est une belle chanson que nous aurions voulu chanter en chœur, d'un même cœur, aux cent ans de notre père, le 14 janvier 2010 [1]. Belle chanson, jolies trouvailles :

---

[1]. Ce 7 juillet 2006, notre père bien-aimé, Olivier Séchan, homme de lettres, nous a quittés. Il n'aura jamais eu cent ans. Il faut lire ses livres récemment réédités aux Éditions du Rocher : *Les corps ont soif*, *La Chasse à l'aube* et *L'Amour du vide*.

> *J'ai cent ans et j'suis bien content et*
> *J'suis assis sur un banc.*
> *Et j'regarde mes contemporains,*
> *C'est dire si je contemple rien.*

Petite est une petite chanson, précisément dédiée aux milliers de groupies de Renaud. *Chanson dégueulasse* est une chanson *dégoulasse*. Malgré ces méchants vers, je ne pense pas que ce titre ait beaucoup nui à Monsieur Le Pen :

> *Y r'foulait du goulot comme si d'puis toujours*
> *L'avait embrassé les idées d'Le Pen.*

Et voilà pour cet album – « pas dégueu » eût dit Gainsbourg –, mais peut-être un peu en dessous des albums précédents Renaud.

Zy va, Tonton !

Le 1er février, Danièle Gilbert pose nue dans *Lui*. Elle avait invité Renaud à ses tout débuts, et Renaud lui en fut toujours reconnaissant.

Le 3 juin, événement d'importance, Eddie Barclay se marie pour la huitième fois, avec Caroline, vingt-deux ans. Un peu vieille.

Le 8 mai, Mitterrand est réélu avec 54,02 % des voix. Wouah ! Chi-Chi dans les choux ! À mourir de rire !

Le 9 juin, un sondage révèle que deux Français sur trois n'ont pas un seul livre en cours de lecture. Pauvre de moi ! Cela dit, cela me laisse vingt millions de lecteurs potentiels !

Le 1er novembre, c'est l'ouverture du premier Virgin Mégastore à Paris, sur les Champs-Élysées. C'est le plus grand magasin de disques de France.

Tombez, tombez tous les murs !

Le 3 mai 1989, Olivier de Kersauson (dit l'Amiral), un sacré rigolo, la tête bien pleine et pas « grosse » pour un sou, achève son tour du monde en solitaire en cent vingt-cinq jours.

Le 7 mai, à Nouméa, c'est l'enterrement de Jean-Marie Tjibaou, assassiné trois jours plus tôt.

Le 8 juillet, grande manif à Paris et grand concert à la Bastille (avec Renaud, Johnny Clegg, les Négresses vertes), concert anti-G7. Le slogan : « Dette, Apartheid, colonies, ça suffat comme ci. » Sympa. Bravo, Renaud !

Le 10 septembre, on apprend que les suicides font plus de morts que les accidents de la route. Si seulement seuls les cons se suicidaient... Hélas, ce n'est pas le cas ! Ce sont plutôt les meilleurs qui nous quittent (voir *Elsa*, dans *Rouge Sang*).

Le 10 novembre 1989, c'est la chute du mur de Berlin. Enfin ! Après quarante ans de rideau de fer. À nous les petites Allemandes de l'Est !

En 1989 et 1990, Renaud ne fait pas grand-chose, à part sortir un excellent double live : *Visage pâle rencontrer public* (Tour 89).

En 1989, il publie son premier livre pour enfants, *La petite vague qui avait le mal de mer.* Un joli conte, qui sera traduit en catalan et en castillan.

Pour autant, le monde ne s'arrête pas de (mal) tourner en 1990. Pour une fois, l'année se révèle plutôt positive, riche de bonnes nouvelles.

Le 11 février, la grande nouvelle de l'année. Après dix-huit ans d'emprisonnement à Robben Island, prison de haute sécurité, à sept kilomètres au large de la côte du Cap, et neuf ans (soit vingt-sept ans de détention !) dans une prison plus décente du continent, Nelson Mandela est libéré. Par la suite, il deviendra président de la République d'Afrique du Sud et prix Nobel de la paix. Renaud avait pensé à lui en écrivant *Triviale poursuite* :

> *Question de sport :*
> *Qui détiendra le record*
> *Et restera vivant,*
> *Libre et innocent,*
> *Derrière les barreaux ?*
> *Vingt ans pour Otelo,*
> *Autant pour Mandela.*

Le record absolu, c'est encore Nelson Mandela qui le détient.

Le 27 juillet, c'est la fin de la 2 CV Citroën. Snif ! On l'aimait bien, la « deudeuche » de notre jeunesse. Heureusement, on en trouve encore quelques-unes. Du reste, Renaud vient d'en acheter une (nostalgie, quand tu nous tiens...), en parfait état de marche. Une « Dolly » rouge et grise.

Le 3 août, Florence Arthaud (la fille de l'éditeur de beaux livres), grande amie de Renaud, bat le record de la traversée de l'Atlantique d'ouest en est sur son trimaran *Groupe-Pierre-Ier* (quel nom ! Pourquoi pas « Préservatifs Durex » ?), en neuf jours, vingt et une heures et quarante-deux minutes.

Le 8 août, c'est le début de l'opération « Tempête du désert », six jours après l'invasion du Koweït. La France y participe, hélas ! Heureusement, contrairement à ces *bloody roastbeefs*, la France ne participera pas au second conflit. Deux cent mille morts parmi les Irakiens, mais Saddam Hussein reste en place. Il peut servir à contenir le voisin iranien. Merci pour les Kurdes ! Renaud se brouille avec « Tonton », se fait copieusement insulter dans la presse, et décide de collaborer à *Charlie Hebdo* où, chaque semaine, il tient désormais une chronique libre, tonitruante, humoristique ou poétique.

Le 3 octobre, c'est la réunification de l'Allemagne. La France n'est plus le pays le plus peuplé d'Europe.

Le 15 octobre, Mikhaïl Gorbatchev se voit attribuer le prix Nobel de la paix. Bravo ! Il l'a bien mérité ! Pour le remercier de son action pour la paix et les droits de l'homme, Renaud écrit une sympathique chanson : *Welcome Gorby !*

Le 14 mai, à la suite de la profanation du cimetière juif de Carpentras, nous sommes deux cent cinquante mille à défiler à Paris... Drapeaux tricolores derrière, drapeaux frappés de l'étoile de David, devant. Grrr ! Vous êtes israéliens ou vous êtes français ? Faut choisir les garçons ! Vous avez droit à « l'alia », le retour vers la « terre promise ».

Le 22 juin, fin d'Apostrophes. On s'en fout. Depuis qu'il a viré le grand Bukoswki (ivre mort, il est vrai, et *apostrophant* gaillardement les autres invités), je ne regarde plus l'émission de Pivot, émission désormais réservée aux « bobos ».

Olé !

Le neuvième album de Renaud, intitulé *Marchand de cailloux*, est un bon cru. Pour autant, ce n'est pas l'un des meilleurs de Renaud, loin s'en faut. Exceptionnellement, il comporte quatorze chansons, ce qui prouve seulement qu'il y en a quatre de trop ; *P'tit voleur* (pourtant joliment « clippé », avec la belle Emmanuelle Béart aux lèvres charnues), *Je cruel* (chanson sur la pêche), *C'est pas du pipeau* et *Tant qu'il y aura des ombres* (autre chanson sur la pêche).

L'album s'ouvre sur *Marchand de cailloux*, titre éponyme. Il s'agit d'une chanson à la gloire de toutes les intifadas, dans laquelle Renaud montre, une fois de plus, son sens de l'autodérision :

> *Dis, papa, quand c'est qu'y passe*
> *Le marchand de cailloux ?*
> *J'en voudrais dans mes godasses*
> *À la place des joujoux.*
> *Mais p't'être que sur ta guitare*
> *J'en jett'rai aussi*
> *Si tu t'sers de moi, trouillard,*
> *Pour chanter tes conn'ries.*

Sur une musique de Jean-Pierre Bucolo, *L'aquarium* est une belle chanson, très « renaudienne », entre humour et colère.

Humour :

> *Énervé par la colère.*

Colère, précisément :

> *Libérée, enfin, ma terre*
> *Des curés, des journaleux,*
> *Des militaires,*
> *De tous les preneurs de tête*
> *Qui provoquent sous ma f'nêtre*
> *Ma colère.*

Olé ! Ah, oui, là, d'accord ! Une petite chanson destinée aux amies de Dominique… Sympa, le garçon !

Olé ! Les belles étrangères à étrangler,
Fichus Souleïado, robes de chez Lacroix,
Les pétasses au soleil des longs étés framboise
Posent leurs culs bronzés qu'un con honorera
Sur les pierres fatiguées des arènes nîmoises.

Joli, ces « longs été framboise ».

Ah, *Les dimanches à la con !* Ces longs dimanches de notre enfance parisienne...

'Vec les frangins, on s'luttait,
On s'balançait des coups d'pied
Sous la table
Pour avoir l'blanc du poulet
Que la mère nous découpait
Equitable.
Pi on f'sait dans nos assiettes,
Avec la purée toute bête,
Au milieu,
Des p'tits volcans superchouettes
Qui mettaient dans nos p'tites têtes
Du ciel bleu.

Bien vu, l'artiste ! Tout à fait ça ! Ce que Renaud oublie de dire, c'est qu'il était toujours servi en premier (juste après notre cher père). Que voulez-vous, c'était le chouchou à sa maman ! L'est-il encore ? Si ce n'est lui, ce n'est pas moi, c'est donc notre frère David.

Cet art de l'observation... Renaud le démontre encore en écrivant *Dans ton sac*, récit très humoristique d'une plongée illicite dans le sac de Dominique.

Et cette chute fort drôle :

> *Faire le sac des dames, c'est moche,*
> *Si tu veux, tu m'fais les poches*
> *Pour t'venger.*
> *Mais t'y trouv'ras presque rien,*
> *L'plus souvent, y'a qu'mes deux poings*
> *Bien serrés.*
> *Si je les ouvre, y'a tout l'amour*
> *Que j'ai pour toi d'puis toujours,*
> *Qui s'envole.*
> *Alors j'les garde bien fermés*
> *Comme ça, j'garde aussi les clefs*
> *D'la bagnole.*

Superbe.

Le tango des élus... Voici un tango qui n'a pas dû ravir nos amis socialistes :

Et dire que chaque fois que nous votions pour eux
Nous faisions taire en nous ce cri : « Ni dieu, ni maître ! »
Dont ils rient aujourd'hui puisqu'ils se sont faits dieux,
Et qu'une fois de plus, nous nous sommes fait mettre.

La Ballade nord-irlandaise est une belle chanson dont la musique est un « traditionnel » irlandais. Depuis sa création, en 1991, cette ballade a été mille fois chantée dans les écoles. Il arrive parfois que, par souci de laïcité, le maître ou la maîtresse ne fassent pas chanter le quatrième couplet :

> *Tuez vos dieux à tout jamais.*
> *Sous aucune croix, l'amour ne se plaît.*
> *Ce sont les hommes, pas les curés*
> *Qui font pousser les orangers.*

On peut les comprendre.

Cinq cents connards sur la ligne de départ, nous en avons déjà beaucoup parlé.

Et puis, voici *Tonton*, chanson hommage et chanson coup de pied de l'âne :

> *Tonton est colère.*
> *Tout va de travers.*
> *L'Histoire, la gloire, tout foire,*
> *Parc'que ce soir,*
> *Le vieil homme a, c'est dur,*
> *Un caillou dans sa chaussure,*
> *Un vieux rhume qui dure,*
> *Et puis, cette nuit, misère,*
> *Il a rêvé*
> *Qu'un beau jour,*
> *La gauche revenait.*

Dur, dur… Fort heureusement, la gauche ne revint point. En 2007, peut-être.

Je cruel, on l'a dit, est une chanson moyenne.
C'est pas du pipeau, itou. *C'est pas du pipeau,* c'est du pipeau ! Lolita méritait mieux…

La suite de *Ma chanson leur a pas plu*, c'est pas dégueu. Même si c'est inférieur à la première version. Cette fois-ci, Renaud égratigne les *rappers*, Rock Voisine et Jean-Jacques Goldman. Il y a de bonnes choses, comme ces quatre vers sur Goldman :

Ma chanson est bonne, bonne,
Elle chante la différence
Entre la poire et la pomme,
Entre le bol et la chance.

Et la musique de Renaud est bonne, bonne, même si je ne m'en souviens pas...

Tant qu'il y aura des ombres... Lumière, s'il vous plaît !

Et voilà, c'est fini. Nous sommes en 1991 et vous regardez toujours la télévision !
Et en 1991, que s'est-il passé dans le monde, en France et au Groland ?
Le 27 février, c'est la fin de la guerre du Golfe. L'opération « Tempête du désert », « *Desert Storm* », est terminée. Le 28 février, Radio-Bagdad (cela nous rappelle Radio-Paris, de sinistre mémoire...) annonce le cessez-le-feu. Deux mille soldats français ont participé à cette sale guerre (toutes les guerres sont sales, mais il y en a de plus sales que d'autres...).
Le 2 mars, mauvaise nouvelle : Serge Gainsbourg est mort dans son hôtel particulier de la rue de

Verneuil. Renaud évoquera ce gentil compagnon, boit-sans-soif invétéré, dans *Docteur Renaud, Mister Renard* et dans *Mon bistrot préféré*. Il laisse six cents chansons. Pas dégueu ! Par la suite, j'allai souvent me recueillir sur sa tombe, au cimetière du Montparnasse, sa tombe jonchée de gitanes et de tickets de métro.

Le 26 juin nous apprenons que, selon le recensement de 1990, la France vieillit. Nous ne comptons plus que 26,5 % de moins de vingt ans contre 32 % en 1968. Aujourd'hui, nous avons rattrapé ce retard. Nous sommes plus de soixante-deux millions, ce qui nous place au deuxième rang en Europe pour le nombre des naissances, juste après l'Irlande qui ne pratique pas le contrôle des naissances.

Le 9 novembre, à Senlis, Yves Montand casse sa pipe sur le tournage du dernier film de Jean-Jacques Beineix. Le dernier ? Chouette !

Le 21 novembre, Gérard d'Aboville traverse le Pacifique à la rame en cent trente-quatre jours. Quel exploit passionnant ! Jésus faisait mieux sur le lac Tibériade.

Et en 1992, que s'est-il donc passé qui vaille la peine d'être rapporté ? Le 12 avril, c'est l'ouverture d'Euro Disneyland (qui ne s'appelait pas encore Disney Resort), à Marne-la-Vallée. Merci, oncle Sam !

Le 5 mai, à Bastia, l'effondrement d'une tribune au stade Furiani provoque la mort de quinze spectateurs. Quelques années plus tôt, évoquant la tragédie du Heysel, Renaud avait écrit :

> *Femme, je t'aime parce que,*
> *Lorsque le sport devient la guerre,*
> *Y'a pas de gonzesses, ou si peu,*
> *Dans les hordes de supporters.*

Sûr, *man...* !

Le 3 août, à Saint-Tropez, Michel Berger meurt d'une crise cardiaque sur un court de tennis. Quelle idée aussi de jouer à taper la baballe en plein cagnard !

Le 20 septembre, le oui l'emporte de justesse au référendum sur Maastricht. 51,01 % : tout petit oui. Bien évidemment, j'ai voté non, comme David. Et Renaud ? Ben, oui... ou non, peut-être, puisque, indécis, il a laissé Lolita voter à sa place !

Et en 93, ma p'tite dame ? Ben... le 6 janvier, on nous annonce que Rudolph Noureïev (le danseur étoile) est mort du sida. Béjart est passé au travers. (Étonnant, non ?)

Le 4 mars, *Libération* publie le compte rendu des écoutes téléphoniques illégales effectuées en 1985 et 1986 et commanditées par la cellule de sécurité de l'Élysée. Jean-Edern Hallier et Carole Bouquet sont sur la liste. Pas moi ! C'est dégueulasse !

Le 1ᵉʳ mai (date hautement symbolique !), on nous annonce le suicide de Pierre Bérégovoy. Le 4 mai, lors de ses obsèques, à Nevers, François Mitterrand évoque « les chiens auxquels il a été livré ». Et pan pour Edwy Plenel !

Le 14 juillet (!) c'est la mort de Léo Ferré, notre cher anar. Renaud l'évoquera, bien évidemment, dans *Mon bistrot préféré.*

C'est quand qu'on va où ?

Le dixième album de Renaud, enregistré en 1994, n'est pas son meilleur. Certes, il renferme quelques bijoux, mais la parure est gâtée par de la bimbeloterie. Mais n'allons pas si vite. Parlons un peu, d'abord, de *Renaud cante el'Nord*, ce magnifique album en patois datant de 1993.

C'est sur le tournage de *Germinal* que Renaud a découvert – ou redécouvert – les merveilleuses chansons des ch'timis. Tout en tournant, il a appris ces chansons de la voix même des figurants – d'anciens mineurs, pour la plupart. Revenu à Paris, il a eu envie de rendre hommage à toutes ces femmes et à tous ces hommes broyés par un système devenu fou. Il a donc enregistré ce bel album, à Lille, qu'il pensait vendre à cinquante mille copies et qu'il vendra à plus de trois cent mille exemplaires !

L'album s'ouvre sur *Tout in haut de ch'terril*, et l'on peut constater qu'il s'agit bien d'un patois et non d'un dialecte. Outre ce titre, le disque comporte deux petits chefs-d'œuvre : *Adieu, ch'terril d'Rimbert* et *Dù qu'i sont*, une petite merveille d'émotion.

Après cette parenthèse folklorique (qui lui vaudra sa première « Victoire de la musique » !), Renaud se remet au travail. Nous l'avons dit, il enregistre *À la Belle de mai*.

Que se passe-t-il cette année-là ? Rien, ou presque rien. Le 10 mai (comme Tonton !) Nelson Mandela devient le premier président de la République noir d'Afrique du Sud. Plus tard, Winnie Mandela, son épouse, sera élue reine des tortionnaires.

Le 29 janvier, c'est le XXVIIIe congrès du Parti communiste français. Robert Hue remplace Georges Marchais à la tête du PCF. Non, ce n'est pas pour Robert Hue que Renaud a écrit *Mon nain de jardin*. Pas plus que ce n'était pour Georges Marchais qu'il avait écrit *Jojo le démago*.

Le 21 février, à Arles, on pleure la mort, à cent vingt ans, de Jeanne Calment. Les enfants du notaire qui avait acheté sa maison en viager, cinquante ans plus tôt, pleurent de rire, eux. On est toujours content quand un notaire se fait plumer !

Le 1er avril (!), on apprend la mort du grand photographe Robert Doisneau, à qui Renaud avait dédié sa jolie chanson *Rouge-gorge*.

Le 6 mai, c'est l'inauguration du tunnel sous la Manche par Elizabeth II et François Mitterrand. L'Angleterre n'est plus isolée du continent !

Le 8 mai, Chirac bat Jospin au deuxième tour de l'élection présidentielle (52,64 % contre 47,36 %). Nous aussi on meurt de rire !

Le 22 mai, Jean Tiberi remplace Jacques Chirac à la Mairie de Paris. On ne gagne pas au change. On s'en fout, Jean est très aimable et Renaud et moi, on est copains avec son fils Dominique.

Le 14 juin, Paris est à nouveau en deuil : Mouloudji est mort. Il avait créé *Comme un p'tit coquelicot*, et surtout *Le Déserteur* de Boris Vian.

Le 18 juin, aux élections municipales, le Front national enlève trois grandes villes du Sud : Toulon, Marignane et Orange. Sale temps pour les mouches !

Le 5 juillet, une enquête nous apprend que les Français sont les plus gros consommateurs de fromage du monde, avec 22,6 kilos par personne. De Gaulle aurait dit : « Comment gouverner un pays qui a trois cent soixante-cinq fromages ? »

Le même jour, une autre enquête nous révèle que nous sommes aussi les plus gros consommateurs d'anxiolytiques de la planète. Angoisse ! J'ai repris un Seresta et deux Lexomil !

Comme il se doit, *À la Belle de mai* s'ouvre sur... *La ballade de Willy Brouillard*. C'est la première (et dernière) musique d'Amaury Blanchard. C'est une chanson sans prétention qui ne marquera pas l'histoire de la chanson. Suit *À la Belle de mai,* une chanson en patois provençal à laquelle j'ai compris que dalle... À ce qu'on dit, il y serait question de Bernard Tapie... Je n'ai pas remarqué.

En *troize*, attention, chef-d'œuvre ! *C'est quand qu'on va où ?* Renaud a l'honnêteté de signaler que le titre n'est pas de lui, mais de son pote Vincent Lindon. À celui-ci, une petite fille aurait demandé : « C'est quand qu'on va où ? »

Un chef-d'œuvre, disions-nous. Oui, ce petit chef-d'œuvre de tendresse et d'humour, un de ces petits joyaux que Renaud nous confectionne régulièrement. Sur chaque album, il y en a au moins un, quand ce n'est pas deux ou trois. Ce couplet :

> *L'essentiel à nous apprendre*
> *C'est l'amour des livres qui fait*
> *Qu'tu peux voyager d'ta chambre*
> *Autour de l'humanité.*

Douze ans après, je la réécoute, et c'est toujours la même émotion. Plus tard, je demanderai à ma fille, Lila – trois ans – de l'apprendre par cœur, rien que pour faire enrager sa maîtresse !

Le sirop de la rue... Ouais... Je préférais *Rouge-gorge*, même si, cette fois, la musique est de Julien Clerc.

Devant les lavabos... No comment. Idée insuffisante, texte insuffisant. Bonne musique de mon copain Alain Labacci.

Cinquième chanson : *Cheveu blanc* (musique de Mourad Malki). La terreur du premier cheveu blanc (j'en ai pas, moi !), ça ne fait pas une chanson.

Le petit chat est mort, c'est charmant. Pas grandiose, mais charmant. Un jour d'humour, mon frère David parodia ainsi les deux premiers vers de la chanson : « Thierry Séchan est mort, il est tombé du bar. » Ouaf ! Ouaf ! J'étais alors dans une période de constante ébriété... Ça ne m'arrive plus, je vous le jure !

Curieuse chanson qu'*Adios, Zapata* ! Sur un texte « mexicain », Julien Clerc a composé une samba brésilienne ! « C'est la faute à l'arrangeur », m'a assuré Renaud.

Ah, *Son bleu* ! Le « bleu » de notre cher Pépé quand il était ouvrier chez Renault ou ajusteur dans une petite fabrique du XIe arrondissement de Paris. Pour une fois, une belle musique de Jean-Louis Roques. Comme disait notre regretté Étienne Roda-Gil à propos de Jean-Loup Dabadie qui venait d'écrire *Ma préférence* pour Julien Clerc : « Il lui a donné la plus belle plume de son chapeau ! » Vachard, hein ?

Dixième chanson, *Mon amoureux*. Ouais ! Chauffe, Renaud ! C'est comme ça qu'on t'aime !

Il est dernier en gym', toujours prem'en rédac'
Y dessine, on dirait Hugo Pratt.
Dans deux ans, y veut s'arracher au Niger,
Bosser pour Médecins sans frontières
Te bile pas pour l'armée, y veut faire insoumis,
J'ui ai même dit qu'on l'planqu'rait
En virant toutes mes p'luches, mon Marsupilami,
Y'a bien une p'tite place sous mon lit.

« Et en plus il est protestant ». On n'est pourtant pas nombreux. Lolita aura plus vite fait de trouver un catholique, un juif ou un musulman !

Lolito, Lolita est une chanson qui présente, à mon sens, peu d'intérêt. Mais certains l'apprécient.

Sa vieille haine des militaires (un peu incompréhensible, mais bon...), Renaud l'exprime dans la dernière chanson de *À la Belle de mai*. C'est *La Médaille*.

> *Un couple d'amoureux*
> *S'embrasse sous les yeux*
> *Du Maréchal de France.*
> *Muet comme un vieux bonze,*
> *Il restera de bronze,*
> *Raide comme une lance.*
> *Maréchaux assassins,*
> *L'amour ne vous dit rien,*
> *À part, bien sûr, celui*
> *De la Patrie, hélas,*
> *Cette idée dégueulasse,*
> *Qu'à mon tour je conchie.*

Mais non, Renaud ! C'est une *belle* idée, l'amour de la Patrie ! Du reste, on la retrouve du Chili au Mexique, en passant par la Chine, les États-Unis, la Russie, la Palestine, Israël, l'Allemagne, l'Italie, l'Espagne...

Voilà pour cet album honorable. La suite sera plus délectable...

En 1996, Renaud se fait plaisir. Il enregistre *Renaud chante Brassens*. Pour la première fois (et la dernière !), je vais me citer moi-même, ou plutôt les pages 43 à 46 de mon *Renaud, bouquin d'enfer*. Cela m'évitera de m'autoparodier ou de me lancer dans de longues paraphrases. Celles et ceux qui ont déjà lu ces pages peuvent les sauter dans ce livre-ci, et je sais qu'ils sont nombreux [1] !

Nous avons été élevés dans Brassens. C'est dire si nous avons été bien élevés, d'autant que notre père (un peu puritain, il faut l'avouer) nous censurait les plus lestes de ses chansons (*Le gorille, Le nombril des femmes d'agents*...), dont lui-même se délectait. Du berceau au tombeau (mais nous quitterons la vie « à reculons », comme le Brassens du *Testament*), les chansons de l'Oncle Georges nous auront accompagnés.

Renaud, Brassens...

On ne se mesure pas à Brassens, bien entendu, mais on peut se « positionner » par rapport à lui. Sans conteste, Renaud est un enfant de Brassens, son digne héritier [2]. Du reste, à sa mort, c'est à lui que ses amis

---

1. *Renaud, bouquin d'enfer* se vendit à cent dix mille exemplaires aux Éditions du Rocher, et presque autant en poche. Récemment, on m'a appris (mais je n'ai pas pu vérifier l'information) que ce livre figurait en deuxième position à la FNAC dans la liste des livres de poche téléchargés en 2005. Trois ans après sa sortie !

2. Il n'y a pas à proprement parler d'« héritier » de Brassens. Parle-t-on d'« héritier » d'Homère ? D'« héritier » de Dante, de Shakespeare ? Brassens est un père fondateur. Il y a les « enfants » de Brassens, et les autres. Disons que Renaud est un enfant, parmi d'autres, de Georges Brassens. Un enfant sauvage, un enfant « naturel », sans l'érudition du « Gros » (l'affectueux surnom donné par René Fallet à son ami), mais avec le même amour des petites gens, et le même amour du travail bien fait.

– Pierre Onteniente, dit Gibraltar, en premier – ont pensé pour interpréter les nombreux titres inédits que le poète laissait. « Tout le monde est tombé d'accord pour dire que le miracle serait que Renaud s'y intéresse, raconte Gibraltar [1]. On lui a donc délégué Jean Bertola pour essayer de le convaincre. À cette époque-là, Renaud a sans doute pensé qu'il était difficile de reprendre des textes de Georges, tout de suite après sa disparition, si bien que, de fil en aiguille, c'est Bertola qui a fait le disque. Malgré tout, on avait toujours gardé le regret que Renaud ne l'ait pas fait. » Il finira par le faire, mais en temps voulu, et en choisissant lui-même – non sans difficultés, tant il est vrai que, chez Brassens, il n'y a « rien à jeter » – les chansons qu'il interpréterait.

Dans la préface qu'il eut la gentillesse d'écrire pour mon livre *Georges Brassens, histoire d'une vie* [2], Renaud raconta comment il avait, par deux fois, à vingt ans de distance, rencontré son « dieu » :

« La première fois que, de mes yeux gris-vert émerveillés, je l'ai vu comme je vous vois, c'était dans un ascenseur. Il allait au septième étage, j'allais chez moi, au cinquième, dans cet immeuble rose de la porte d'Orléans où vivait également Marie Dormoy, l'extravagante secrétaire et maîtresse de Léautaud. C'est à Mlle Dormoy, précisément, que M. Brassens

---

1. Interview publiée dans *Je chante !* n° 18, automne-hiver 1995.
2. Fixot, 1991.

rendait visite en voisin, puisque nous habitions "à quatre pas de sa maison".

   Ce jour-là, dans cette cage de bois et de verre (notre bel ascenseur n'avait pas encore été remplacé par l'actuel caisson de métal aux boutons lumineux), du haut de mes dix ans, j'eus le sentiment de me frotter à un monument, à un géant de la poésie et de la chanson. Géant, cet homme l'était aussi par la taille et par les épaules, ces épaules qu'il avait encore puissantes, en ce début des années soixante. Moi, j'étais un gringalet navrant, plus vraiment enfant, pas encore jeune homme, et surtout ne soupçonnant pas qu'un jour, je serais comme lui : chanteur. Pour l'heure, j'étais fan, groupie, admirateur, amoureux. Je me précipitai chez moi, empruntai à mon père le 25 cm de cire noire du "Georges Brassens n° 1" au titre désuet de *Georges Brassens chante les chansons poétiques (et souvent gaillardes) de Georges Brassens*, montai quatre à quatre les deux étages qui me séparaient de mon idole et obtins mon premier autographe.

   Mon père ne revit jamais son disque. Lorsque je le regarde aujourd'hui, trônant au-dessus de mon bureau, près de trente ans plus tard, je crois parfois sentir encore la douce odeur du tabac qu'il fumait dans sa pipe en bois ce jour-là.

   C'est lorsque je devins chanteur, un peu par hasard, un peu par provocation, que je rencontrai Georges Brassens pour la seconde et dernière fois de ma vie. Ce fut, cette fois, sur un plateau de télévision. Après m'avoir timidement approché et chaleureusement encouragé à écrire et chanter encore et toujours, il me fit le plus extraordinaire des compliments, puisqu'il me déclara qu'il trouvait mes chansons, je le cite : "merveilleusement bien construites".

Bien construites... C'était l'homme qui avait écrit *La mauvaise réputation, Le gorille, Saturne, La supplique...* plus de cent chefs-d'œuvre, c'était cet homme-là qui me disait que mes chansons étaient "bien construites". Après cela, tous les hommages me paraîtraient bien fades. »

En 1995, quatorze ans (deux septennats de Tonton...) après la mort de cet autre « bon maître » (Brassens appelait ainsi Paul Valéry dans sa *Supplique pour être enterré à la plage de Sète*), Renaud osa enfin affronter le prodigieux répertoire de celui qui avait donné ses lettres de noblesse à la chanson française.

Quelques mois plus tôt, le 22 septembre 1994 (« le 22 septembre, aujourd'hui, je m'en fous », chantait Brassens), Renaud avait participé à l'inauguration d'une plaque sur la précieuse maison de l'Auvergnat (Marcel Planche) et de son épouse (la Jeanne), où Brassens avait vécu de 1944 à 1966, impasse Florimont, dans le XIVe arrondissement de Paris.

Renaud avait lui-même sculpté la plaque (la sculpture est l'un de ses talents) à l'effigie de l'Oncle Georges, « poète, musicien et chanteur ». Maxime Le Forestier, qui avait participé au projet (il avait offert le buffet, je crois), n'était pas d'accord pour le mot « poète ». Renaud se passa de l'accord de Maxime, comme Maxime se passa de la présence de Renaud lorsque Michel Drucker lui demanda d'organiser une émission « spéciale Brassens » pour le vingtième anniversaire de sa mort, en octobre 2001. De tous les invités, seul Patrick Bruel osa déplorer, en direct, l'absence de Renaud, celui qui, plus qu'un autre, avait remis Brassens au goût du jour, et l'avait fait connaître à ceux, trop nombreux, qui ne le connaissaient pas encore, en enregistrant son *Renaud chante Brassens*, vendu à plus de deux cent cinquante mille exemplaires. Une misérable querelle d'héritage, comme Renaud en avait déjà vécu à la mort de Pierre Desproges, avec Guy Bedos. Pas à dire : il y a moins de « braves types » chez les vivants que chez les morts.

Et en 1996 et 1997, que s'est-il passé, ma p'tite dame ?

Adieu, Tonton !

Le 8 janvier 1996, coup de tonnerre dans le ciel bleu de France ! François Mitterrand est mort à 8 h 30 à son domicile de l'avenue Frédéric-Le-Play. Il sera inhumé à Jarnac, devenu lieu de pèlerinage pour socialistes de tout poil. On le vit en ce début d'année 2006, lors du dixième anniversaire de la mort du Président. Tous les éléphants étaient là ! Jospin, Lang, Fabius, Strauss-Kahn, Hollande... Ne manquait que Ségolène Royal, partie quêter une légitimité de « présidentiable » aux côtés de Mme Bachelet, première femme élue président de la République en Amérique latine ! À Notre-Dame, grand-messe. Le vieux laïc Michel Charasse restera dehors, à garder Baltique, interdit de cathédrale.

Le 23 février 1997, c'est le clonage de Dolly. Premier clonage ! Mais non ! Depuis vingt ans, Renaud a des centaines de clones ! Même tignasse jaune, Perfecto, bandana rouge et santiags, tatouages sur les épaules. Certains – au plus grand effroi du chanteur ! – se sont fait tatouer le visage de Renaud sur la poitrine ! Quelle horreur !

Pour revenir à *Renaud chante Brassens*, disons que c'est un bel album, largement supérieur au *Brassens* de Maxime le Fox-terrier !

Oui, un bel album, vraiment. Ces vingt-trois chansons, seul Renaud pouvait les chanter, avec force et conviction. Renaud n'y ajoute que sa fameuse gouaille personnelle. Il *est* le voyou de *Je suis un voyou*, il *est* le « mauvais sujet repenti », il *est* la « mauvaise herbe ». Ces chansons, il les habite, il se les approprie, elles sont à lui, elles sont presque de lui.

Les années noires

Depuis 1985 – le « coup de Moscou » –, Renaud allait mal. Il était devenu un peu paranoïaque. Domino endurait tant bien que mal. Dès son retour de Russie, je pus constater la dégradation (qui sembla, un peu plus tard, irréversible) de son état psychique. En 1998, elle lui demande instamment de partir. Il pourra revenir lorsqu'il sera de nouveau sain d'esprit. La descente en enfer durera trois ans, mais Domino ne le reprendra pas...

Ceux qui ne boivent pas – ou avec modération – ne peuvent pas savoir ce qu'est l'alcoolisme. Un esclavage pire que tous les esclavages. Une addiction dont on réchappe rarement. Et quand c'est le cas, non sans séquelles physiologiques et/ou psychologiques. Je suis bien placé pour en parler, avec mes quinze séjours en hôpital psychiatrique (douze ou treize fois à la clinique Villa Montsouris...). Renaud doit donc déménager. Son Mac portable et sa brosse à dents sous le bras, il se met en quête d'un appartement qu'il va trouver boulevard Montparnasse, juste au-dessus de... La Closerie des Lilas. Il ne pouvait rêver endroit plus stratégique. Du reste, dans les trois années qui suivront, il passera plus de temps à « La Close » que chez lui. Lors de son déménagement, le représentant de chez Ricard lui offrira douze bouteilles de ce poison ! Ah, mais ! Il faut soigner ses meilleurs clients ! Renaud emménage donc. Très vite, il comprend qu'il ne peut pas dormir seul. Au début, quelques copains se dévouent – mais pour une nuit ! Chacun sa vie, merde ! C'est ainsi qu'on voit défiler Gérard Lo Monaco, Franck Langolff... Au bout de trois mois, sachant que je ne me plais pas dans mon appartement du XXe arrondissement – et que je m'entends de plus en plus mal avec ma concubine –, Renaud me propose de m'installer avec lui. Après tout, il a un cinq pièces, avec cuisine tout équipée – sans parler du Ricard que je m'enfilerai, à ma grande honte –, deux salles de bains, deux toilettes... On ne va pas se marcher dessus ! Je prends donc mes quartiers dans la « chambre de Lolita » et j'installe mon bureau dans la pièce du fond, quarante mètres carrés environ ! Je ne me gêne pas, hein ? Et tout ça pour pas un rond ! Ouais, mais en échange, je fais le garde-malade et le cerbère !

Les jours, les nuits passent. Renaud ne dessoûle plus. Un matin, à six heures, j'entends la porte claquer – j'ai le sommeil fragile. J'attends un petit moment dans l'entrée, et Renaud réapparaît. « La Close est encore fermée ? » me demande-t-il, désespéré. « Mais, Renaud !... » lui réponds-je, « La Close n'ouvre qu'à neuf heures ». « Il n'y a pas un bistrot qui ouvre plus tôt dans le quartier ? » s'enquiert-il. « Si, le bar-tabac d'en face. Il ouvre à sept heures. » Il attendit une petite heure, puis ressortit. Après, c'était le rituel qu'il me raconta : il buvait un café qu'il vomissait, puis il attaquait un Ricard, quatre, cinq... des doubles ! Des 102, comme disait Gainsbarre.

Renaud passe plus de temps à La Close (9 h-21 h !) que chez lui. Là-haut, au premier, j'ai le champ libre, et je ne m'en prive pas. J'ai trois pièces gratos, charges comprises ! J'ai installé mon ordinateur et mon imprimante sur la grande table du salon. Je ne dérange personne.

Quand il ne dort pas affalé sur la banquette, Renaud tient salon à La Closerie. Du matin au soir, les copains défilent. Certains, comme moi, lui offrent de jolis cahiers, afin qu'il se remette à écrire. En fait, il écrira tout son prochain album sur les nappes en papier de La Close. On voit passer Dominique, Lolita (pas fière de son père !), Bucolo, Lanty, Langolff, Jean Édouard (dit « le Papet »), Stéphane, Alain et Fioretto, le « petit pédé » de la chanson... C'est Pascal Fioretto, précisément, qui va provoquer le déclic chez Renaud. Un soir qu'ils sont tous les deux, Renaud, alors qu'il est en période de diète commande un Ricard. « Non ! dit Fioretto. Pas avant que tu m'aies écrit une chanson ! » Renaud relève le défi. Sur une nappe en papier, il écrit en une heure *Petit pédé*, chanson dédiée à Pascal, puisqu'elle décrit sa vie. Renaud n'y a ajouté que son esprit. Un exemple ?

> *Dans le p'tit bled d'où tu viens,*
> *Les gens te traitaient pire qu'un chien,*
> *Il fait pas bon être pédé*
> *Quand t'es entouré d'enculés.*

Ça y est ! La machine à produire des tubes et/ou des chefs-d'œuvre, est relancée. Elle ne s'arrêtera plus.

Pendant ces mois d'« absence » de Renaud, Buc et Lanty n'ont pas chômé. L'un et l'autre ont amassé des dizaines de musiques – les unes, bonnes ; les autres, franchement mauvaises. Renaud, qui s'est presque toujours fié à mon goût, me fait écouter les CD au fur et à mesure qu'ils lui fournissent. Je suis intraitable : « Nul ! », « Minable ! », « Médiocre ! », « Excellent ! », « Génial ! ». Mon jugement tombe comme un couperet. Une seule faute de goût : la musique de *Manhattan-Kaboul*, de Jean-Pierre Bucolo. « C'est peut-être bon, dis-je à Renaud, mais ce n'est pas pour toi. » Erreur ! Grossière erreur ! Il faut dire que, pas plus que Bucolo, je n'avais pensé à la possibilité d'un duo. Jusqu'ici, Renaud n'aimait pas beaucoup les duos. Mais voilà qu'il s'imposait comme s'imposait la petite Axelle Red (quelle adorable personne !) pour la chanter avec Renaud.

À partir de ce moment-là, de ce déclic, comme nous l'avons dit, Renaud va faire alterner, durant six mois, périodes de sobriété et périodes d'ébriété. C'est de là que datent les séjours à la clinique psychiatrique Villa Montsouris, que je lui avais recommandée. Et chacun sait que je suis un connaisseur ! À Montsouris, Renaud provoque une petite révolution. Il a sa cour, sa cour de fans, parmi lesquels on trouve de bien jolies anorexiques... Son médecin traitant – le docteur Dieu (ça ne s'invente pas !) – ne décolère pas.

Cette fois-ci, c'est à Bruxelles que Renaud va enregistrer, aux studios I.C.P., dont Bucolo lui a vanté les qualités. L'album est enregistré en plusieurs fois à l'hiver en 2000, 2001, puis à l'hiver 2001-

2002. L'ingénieur du son est l'excellent Phil Delire, assisté de Jean-François Berger (dit Tintin). Le studio de légende appartient à un Américain bien sympathique, John Hastry. Pour une fois qu'on rencontre un Amerloque *cool* et pas réac, il faut qu'il vive à Bruxelles ! À vrai dire, j'en connais quelques-uns à New York...

Sorti en avril 2002, *Boucan d'enfer* va pulvériser les records de vente, à égalité avec le ridicule *Entre deux* du non moins ridicule Patrick Bruel.

En premier *single, Docteur Renaud, Mister Renard* fait un « carton » qui va booster les ventes de l'album. Mais c'est *Manhattan-Kaboul* qui va entraîner la ruée, tant sur le *single* que sur l'album.

Grâce à *Boucan d'enfer*, Renaud va récolter tous les honneurs. Trois Victoires de la Musique (lui qui n'avait obtenu, jusque-là, qu'une pauvre « Victoire du meilleur album traditionnel » avec *Renaud cante el'Nord* et une « Victoire d'honneur pour l'ensemble de son œuvre » qui ressemblait furieusement à une récompense *post-mortem* !), deux N.R.J. Awards. L'heure de la revanche a sonné ! Battez tambours ! Sonnez trompettes ! Ce onzième album (le 11 est le chiffre fétiche de Renaud !) est celui de tous les triomphes. De la droite ultra-libérale (Alain Delon !) à la gauche et à l'extrême-gauche, chacun y va de son petit couplet enthousiaste. Cette fois, Renaud a touché tous les Français, sans distinction de sexe, de race ou de religion. Qui n'a jamais été largué, déprimé ? Qui n'a jamais eu un ou une amie qui n'ait sombré dans l'alcoolisme à la suite d'un drame affectif ? L'empathie a joué à fond.

Après *Petit pédé*, Renaud enchaîne sur *Je vis caché*, chanson médiocre. Heureusement, s'ensuit *Cœur perdu* (merveilleuse musique d'Alain Lanty), chanson pleine d'émotion :

> *Qui voudra bien ramasser*
> *Ce p'tit cœur abandonné*
> *À la casse ?*
> *C'est pas un cadeau, ma belle,*
> *Il est plein d'idées rebelles*
> *Mais, hélas,*
>
> *Il aura du mal, un jour,*
> *À croire encore à l'amour.*
> *Si tu veux,*
>
> *Je t'offre ce cœur perdu*
> *Qui n'aimera jamais plus*
> *Ou si peu.*

La chanson eût pu être mièvre, elle ne l'est pas. Et, un an après, Romane ramassera ce « p'tit cœur abandonné à la casse ».

L'album se poursuit avec *Manhattan-Kaboul*, qui sera le titre le plus diffusé par les radios en 2002.

Après, *Elle a vu le loup*, chanson que Renaud avait écrite deux ans plus tôt et qu'il avait chantée – tout comme *Boucan d'enfer* – lors de sa tournée « Une guitare, un piano et Renaud », un spectacle à la limite extrême du supportable (un soir sur trois, Renaud était saoul sur scène) que Renaud avait donné dans plus de deux cents villes, sauf à Paris. *Elle a vu le loup...* Cette trouvaille :

> *Elle a vu le loup, tant mieux ou tant pis,*
> *C'était pas un bon coup ni un bon parti.*
> *J'ui jette pas la pierre, j'crie pas à l'émeute,*
> *Y paraît qu'sa mère a vu toute la meute.*

Renaud avait pris pour modèle une copine de Lolita et sa maman. Elles ont dû être contentes ! Cela dit, hormis Brassens avec *Chansonnette à celle qui veut rester pucelle*, nul n'a jamais écrit avec autant de pudeur sur le thème de la virginité.

Tout arrêter, n'est qu'un *remake* un peu usé, et très inférieur à son modèle, de *Fatigué. No comment.*

Baltique, belle chanson dont nous avons déjà parlé, et que Renaud chantera, en janvier 2006, devant Danièle Mitterrand, chez notre ami Michel Drucker (« Vivement dimanche prochain »), à l'occasion du dixième anniversaire de la mort de François Mitterrand.

Voici *L'entarté*, chanson dédiée à Noël Godin, l'entarteur belge, et consacré au pseudo-philosophe Bernard-Henri Lévy. Bien envoyé !

Boucan d'enfer qui donne son titre à l'album éponyme (jusqu'au dernier moment, il envisagea de l'appeler « Cœur perdu », titre que préférait Dominique ;

je réussis à le convaincre, non sans raison, que c'était trop mièvre ; bien évidemment, mon avis n'était pas désintéressé : je songeais déjà à appeler ma fausse « biographie » *Bouquin d'enfer* ; cette ambiguïté fut certainement à l'origine de plusieurs milliers de ventes !), est une bonne chanson autobiographique, l'une des deux que Renaud avait écrites deux ans plus tôt.

On ne s'attardera pas sur *Mon nain de jardin*, même si la chanson fait rire le public. Pour la petite histoire, *Mon nain de jardin* permit à Renaud de se constituer une belle collection de... nains de jardin, déposés sur scène à Paris et en tournée par ses innombrables fans.

Mal barrés : ah, voilà une chanson qu'elle est jolie ! C'est l'envers, la face sombre, des *Amoureux des bancs publics*, de Georges Brassens. Sur une jolie musique d'Alain Lanty, Renaud écrit :

> *C'est tout jeune et ça n'sait pas*
> *Que pour les amoureux, hélas,*
> *La vie est bien dégueulasse,*
> *Un beau jour, l'amour se casse.*

Optimiste, ce garçon ! À l'image de tout son album, en vérité : noir, noir, noir.

Dédiée à Christel, la fiancée de notre vieux François Santoni (je l'avais présenté à Renaud à La Closerie des Lilas), *Corsic'armes* est une belle chanson, une chanson poignante sur le drame que vivent les « patriotes » (ou nationalistes) corses, sur les dérives mafieuses de la lutte armée. Enfin, comme le bouquet d'un feu d'artifice, voici *Mon bistrot préféré*, magnifique chanson, chanson-hommage aux poètes disparus, certains connus par Renaud, de Brassens à Desproges, de Coluche à Gainsbarre, de San Antonio (alias Frédéric Dard) à Robert Doisneau... et tant d'autres, qui nous manquent tant.

Quelques mois après la sortie de *Boucan d'enfer*, Renaud part pour une tournée... d'enfer, avant d'investir le Zénith pendant plusieurs semaines. Partout, c'est le triomphe ! (Un million de spectateurs...)

Les années Romane

Depuis 2000, Renaud voyait de temps en temps Romane – à La Closerie des Lilas, bien évidemment ! À partir de 2002, leur liaison devient plus régulière. Mais c'est en juillet 2003 que Romane franchit le pas : après plusieurs mois en tournée avec Renaud, elle quitte son amant d'alors et vient s'installer avec Renaud dans la jolie petite maison de la rue Hallé qu'il vient tout juste d'acquérir. Dès lors, mon départ à plus ou moins court terme est inévitable. Mais enfin, Renaud semblait heureux avec Romane. Il était amoureux. J'étais content pour lui, content pour elle, content pour eux. Renaud avait trouvé une nouvelle muse ! Je soupirai... Enfin, il n'avait plus besoin de moi ! Et, comme un bonheur ne vient jamais seul, il m'aida à trouver et à louer un quatre pièces dans mon cher XIVe arrondissement, à deux pas du parc Montsouris et à cent mètres de ma clinique préférée.

Que s'est-il passé dans le monde pendant les « années noires » de Renaud ? Et après, pendant les « années roses » ?

Le 2 février 1998, un volcan s'éteint : Haroun Tazieff.

Le 6 février, le préfet Érignac est assassiné en Corse. Connards d'indépendantistes ! Et en plus, il était protestant !

Le 23 avril, on apprend la mort de Catherine Langeais, une des toutes premières speakerines de la télévision et une ex-maîtresse de François Mitterrand...

Le 19 mai, les députés votent le projet de loi sur les 35 heures. La France des fainéants est née !

Le 13 juin, Tabarly tombe à l'eau ! Lui, le vieux marin, jeté à l'eau par un coup de brume ! Ne serait-ce pas plutôt un suicide déguisé ?

Le 13 août, suicide de Nino Ferrer. Gaston, y'a l'téléfon qui sonne plus ! Tiens !.... Renaud l'a oublié dans *Mon bistrot préféré* ! Pourtant, c'était un bon mec... Et puis, il avait écrit *Le Sud*, merde !

Le 10 septembre, Jean-Pierre Chevènement, ministre de l'Intérieur, victime d'un accident anesthésique rarissime sort du coma. Linus revient ! Linus revient !

Le 6 janvier 1999, à New York, mort de Michel Petrucciani. Petit corps, grand homme.

Le 31 mars, on apprend la mort (horrible !) de quarante personnes dans l'incendie du tunnel du Mont-Blanc.

Le 7 juillet, l'INSEE donne ses chiffres : nous sommes 60 082 000 habitants en France. Depuis 1946, la croissance démographique est de 50 %. Sacrés lapins, ces Français !

Le 4 octobre, suicide de Bernard Buffet. Les amoureux de la bonne peinture sablent le champagne.

Le 13 octobre, le PACS est adopté par le Parlement. On s'en fout royalement

2000, enfin ! Sale année ! Le 14 janvier, on apprend la mort d'Alphonse Boudard à Nice.

Le 6 juin, c'est la mort du grand Frédéric Dard, notre ami et le préfacier génial de Renaud pour *Le temps des noyaux*.

En 2001, il ne se passe rien, ou si peu, à part un truc marrant : le 11 septembre, les *Twins*, les tours jumelles du World Trade Center, se prennent deux Boeing en pleine poire. Ouaf ! Ouaf ! Une heure après, retrouvant Étienne Roda-Gil à La Closerie, celui-ci me lance : « Ça, c'est pas du travail d'Arabe ! » Re-ouaf !

Pour se venger, les Ricains balancent la purée sur l'Afghanistan. Pas vraiment des « frappes chirurgicales ». Des milliers de morts parmi les civils.

Ces deux tragédies inspireront à Renaud *Manhattan-Kaboul*, chanson qui renvoie dos à dos les talibans et les Américains (ceux-ci n'ont-ils pas armé ceux-là ?) et qui, curieusement, fit l'unanimité.

En 2003, en 2004, en 2005 et jusqu'à aujourd'hui, Renaud et Romane vivent une longue lune de miel. Le 5 août 2005, les tourtereaux se marient dans la Drôme provençale, dans le village de la mère et du beau-père. Un beau mariage, en présence de Michel Drucker et de Hugues Aufray, venus en voisin, et en présence, bien évidemment, de toute la « tribu » Séchan – plus de trente personnes et enfants –, et de toute la famille Serda.

Lorsque Romane rencontra Renaud pour la première fois – à La Closerie des Lilas, comme de bien entendu, puisqu'il n'en décollait pas –, elle était chanteuse mais vivait uniquement de son job de technicienne-radio sur France Inter. Romane est toujours chanteuse, et elle devrait garder ce statut dans les années à venir.

Romane a longtemps vécu à Londres. Elle a travaillé ses chansons en anglais, avec des musiciens anglais. Elle est parfaitement bilingue, sans une pointe d'accent. En Angleterre, Romane avait enregistré des maquettes tout à fait honorables, mais en anglais. Dans la langue de Shakespeare et de Whitman, Romane ne faisait pas trembler Madonna. Depuis son retour à Paris, elle cherchait, mais en vain, un producteur. « Chantez en français ! » lui disait-on un peu partout. « Après, on verra… » Mais Romane n'est pas patiente – c'est là son moindre défaut – et surtout, elle a trente-trois ans. Depuis la disparition de Barbara, on ne badine pas avec l'âge des chanteurs. À la Star Ac', c'est dix-sept/vingt ans. Ailleurs, on va jusqu'à vingt-cinq.

À l'époque où Romane rencontre Renaud, elle a vingt-neuf ans... Bien sûr, elle en fait vingt, mais enfin, elle en a presque trente. Amoureux, Renaud propose de la « produire », mais il veut être un véritable producteur, au sens artistique, pas uniquement un banquier. Il veut rameuter *son* équipe (Bucolo, Lanty, et... moi-même) et que nous lui écrivions des chansons. Au travail ! Le résultat est plus qu'honorable (d'autant que Romane se défend fort bien sur scène et à la télévision), mais – car il y a un « mais » –, le tout (douze textes, dont trois de votre serviteur) est trop hétérogène. Il y a des années-lumière entre le style Bashung de Fauque (dont Romane avait les textes et qu'elle connaissait depuis quelque temps), mon écriture savamment romantique et celle plus « réaliste » de Renaud. Sous le pseudonyme de Pierre Calvin (je serai rapidement identifié dans le métier, puisqu'il n'y a que quatre protestants calvinistes à la SACEM : mes deux frères, l'éditeur Max Amphoux et moi-même !), je signai trois textes pour la belle Romane. Pourquoi un pseudonyme ? À tort ou à raison, Renaud avait considéré que mes écrits sulfureux sur le show-business (*Nos Amis les chanteurs I, II et III*) pouvaient causer du tort à son amoureuse. C'était sans doute erroné, mais c'était lui le boss, après tout. Pour Romane, j'écrivis *Tu vois* (excellente musique de François Bernheim) :

> *Tu vois, j'ai vu des êtres incroyables,*
> *Des serpents de lune et des aigles de sable.*

Tu vois, j'ai vu les grands rois de Sicile
Et les couleurs cachées sous les brumes des villes.

Et puis j'écrivis *Je m'appelle Solitude*, musique de Daniel Lavoie :

Je m'appelle Soledad,
Un nom qui court comme une cascade,
Un soleil sur l'océan,
Quand le ciel rougit
En nous écoutant.

Enfin, j'écrivis une de mes plus belles chansons, *Vole ta vie*, sur une musique de la très douée Sara Mandiano :

C'est pour tes yeux noirs de mélancolie
Que j'écris cette histoire que j'ai sauvée du vent
Je me souviens d'une fille nommée Sally
Qui voulait traverser à cheval l'océan
Elle savait lire, mais juste au creux des mains
L'aventure sans lendemain

Vole ta vie sur l'océan
Laisse-toi soulever par le vent
Vole ta vie, le ciel t'attend
Les nuages aiment les cerfs-volants

Et Bucolo chantait, avec son humour fin de musicien : « Laisse-toi soulever *par-devant*. » À mourir de rire.

Tout cela était bien bel et beau, mais l'album ne reçut qu'un accueil mitigé. Cinquante mille exemplaires, tout de même, et cent mille *singles* d'*Anaïs Nin* ! Pour un premier essai, c'était plus qu'honorable. Ce premier essai, il ne restait plus qu'à le transformer. Renaud réfléchit au problème et il trouva *la* solution : il allait écrire tout l'album. Dès l'été 2005, il était au travail, prêt à entrer en studio en décembre. Un album « concept », donc, comme ceux que Gainsbourg avait écrits pour Jane Birkin. J'ai écouté : c'est un magnifique album intitulé *Après la pluie*. Romane gagne enfin son statut de compositrice puisqu'elle a composé dix chansons sur les douze du CD. Quant à Renaud, qui signe les paroles, il considère qu'avec *Dylan* et *Pleure pas*, il a écrit deux de ses plus beaux textes.

Le 5 août 2005, Renaud épousa donc Romane. Une belle fête, dont je rendis compte dans *Paris Match* (cf. Annexe).

À l'heure où j'écris ces lignes (juin 2006) Romane est sur le point d'accoucher d'un ou d'une petite Malone. Romane a tout : la beauté, l'amour de Renaud et un début de célébrité. Que demande le peuple ?

ROUGE SANG

Enregistré et mixé aux studios I.C.P., à Bruxelles, du 1er novembre 2005 au 31 juin 2006, *Rouge Sang* est un album (un double album) très singulier. Renaud y renoue avec l'engagement militant qu'il avait un peu délaissé dans *Boucan d'enfer*. Pour autant, la tendresse et l'amour sont au rendez-vous – et l'humour, évidemment !

Ah, I.C.P. !.... Son propriétaire américain, John Hastry (il y a des Ricains bien sympathiques...), son ingénieur du son, Phil Delire, et bien sûr *son* Bucolo, arrangeur, réalisateur et co-compositeur de *Rouge Sang*. Du beau monde, un bel endroit, sans parler de la présence de la belle Romane...

Dédié à Lolita, à Malone et à Romane et à notre père, *Rouge Sang* ne contient pas moins de vingt-six chansons. Naguère si économe de son talent, Renaud s'en est montré prodigue en 2005 et en 2006. Comme une faim d'écriture après des années de jeûne. Vingt-six chansons inégales, mais toutes fort bien construites, toutes écrites d'une main sûre, de ce ton libre et poétique qui n'appartient qu'à lui.

Le premier album s'ouvre sur un petit chef-d'œuvre d'humour : *Les bobos*.

Nous sommes tous des bobos

On les appelle « bourgeois-bohême »
Ou bien « bobos » pour les intimes
Dans les chansons d'Vincent Delerm
On les retrouve à chaque rime.

Inventée par Philippe Seguin alors qu'il était candidat aux dernières élections à la mairie de Paris, l'expression eut l'immense succès que l'on sait. Mais qui d'autre que Renaud pouvait en faire une chanson ? *Les bobos*, c'est une des chansons les plus drôles, les plus caustiques de ce double album. À n'en pas douter, une bonne partie du public de Renaud va se reconnaître dans ce portrait au vitriol du « bourgeois-bohème ». Pas moi, en tout cas, qui me considère davantage comme un « bohême-bohême », même si je partage certains traits du « bobo » ici décrit. Je l'avoue : je lis Houellebecq et Philippe Djian (le plus grand, à mon sens), les livres de Cioran sont mes livres de chevet, je regarde Arte (la seule chaîne regardable), j'écoute Gérard Manset, j'aime Desproges et j'ai de la sympathie pour Jack Lang... En outre, j'aime bien les fringues d'Armani et de Kenzo et je fréquente beaucoup les musées et les vieux bistrots... Peut-être suis-je un peu « bobo » au sens où Renaud l'entend, après tout...

Renaud flingue, et il flingue juste. Un exemple :

> *Ont des enfants bien élevés*
> *Qui ont lu « Le P'tit Prince » à six ans*
> *Qui vont dans des écoles privées*
> *Privées de racaille, je me comprends.*

La fameuse « racaille » de Sarkozy, qui voulait nettoyer la banlieue au Kärcher et qui ne réussit qu'à y mettre le feu...

Les bobos, musique de Jean-Pierre Bucolo, est une réussite parfaite. D'autant que Renaud a l'honnêteté de conclure par ces quatre vers :

> *Ma plume est un peu assassine*
> *Pour ces gens que je n'aime pas trop*
> *Par certains côtés, j'imagine*
> *Que j'fais aussi partie du lot.*

Belle pirouette.

Dans la jungle

Dédiée à Ingrid Betancourt, militante écologiste prisonnière des FARC (« Forces armées révolutionnaires de Colombie ») depuis quatre ans, *Dans la jungle* est avant tout une chanson militante. Renaud renvoie dos à dos les « dingues », les « doux (?) illuminés » qui ont pris en otage la belle Ingrid, *pasionaria* de la Colombie dont la renommée est désormais internationale, et la classe politique corrompue au pouvoir dans son pays.

À raison, Renaud insiste sur le fait que cette femme courageuse et déterminée mène un combat « contre un double ennemi ».

Renaud s'est beaucoup investi dans la lutte pour la libération d'Ingrid Betancourt, à travers, notamment, divers concerts et manifestations de solidarité. Il est devenu un proche de sa famille réfugiée à Paris, la merveilleuse Astrid (sa sœur) et les deux enfants d'Ingrid. En outre, il a internationalisé son combat. Sa chanson a été (remarquablement) interprétée en espagnol par l'artiste argentin Melingo, qui l'a fait connaître en Espagne et en Amérique du Sud. Pour enfoncer le clou, Renaud l'interprète aussi en espagnol, avec un accent des plus honorables, dans le second CD de *Rouge Sang* :

> *Te esperamos, Ingrid*
> *Pensamos en ti*
> *Y no seremos libres*
> *Hasta que estès aqui.*

Un bel engagement, qui n'aura pas suffi à faire libérer Ingrid, mais qui aura sensibilisé l'opinion publique de nombreux pays. Les chansons n'ont jamais fait trembler le monde, mais elles ont parfois joué un rôle non négligeable dans son bouleversement. Que l'on songe à *La Marseillaise,* à *L'Internationale*, aux chansons de la Résistance et à celles de mai 68...

Chanson honnête

Arrêter la clope (musique de Michaël Ohayon, guitariste de l'artiste) n'est pas une chanson majeure de l'album, mais le texte en est plutôt plaisant. Depuis des années (et plus encore depuis Romane qui ne fume pas et qui n'aime pas du tout la fumée du tabac), Renaud annonce haut et fort qu'il va « arrêter la clope ». Jusqu'ici, ses tentatives n'ont pas été couronnées de succès, c'est le moins que l'on puisse dire, et il l'avoue non sans humour :

> *Chaque fois que j'arrête, c'est pas sérieux*
> *Les douze fumeurs que j'vais taxer*
> *M'offrent douze cibiches et même du feu*
> *Z'ont vraiment aucune volonté.*

La chute est tout ce qu'il y a de plus classique :

> *Arrêter la clope*
> *Avant qu'elle me prive de toi*
> *J'pourrais presque me passer d'mes potes*
> *Mais pas de toi*
> *J'pourrais presque me passer d'mes potes*
> *Mais pas de toi.*

Femmes je vous aime... mais pas toutes !

R.S. & R.S. est la première chanson du « cycle romanien ». Chanson romantique à souhait, un peu « fleur bleue », dont la jolie musique est cosignée Renaud et Bucolo.
« Rouge Sang », Renaud Séchan, Romane Serda... R.S. & R.S., coïncidence presque troublante (d'autant plus troublante que la maman de Romane s'appelle Dominique et sa petite sœur, Lolita...) dont l'artiste rend compte :

> *Gravée sur l'alliance*
> *De nos épousailles*
> *La coïncidence*
> *De nos initiales.*

Et puis voici *Ma blonde*. Sur un rock très « bucolien », un beau réquisitoire contre les ineptes contempteurs des blondes. Répondant au « les brunes ne comptent pas pour des prunes » chanté par Lio, Renaud assène :

> *Blonde comme le blé en gerbe*
> *Elle a inventé l'eau tiède*
> *Et vous emmerde.*

Inutile de dire que *Ma blonde*, c'est Romane, même si elle est beaucoup plus polie que ça...

Et maintenant, *Rouge Sang,* la chanson qui a donné son titre au double album. Sur une superbe musique du chanteur « énervé », une dénonciation brutale et sans concessions des monstrueux dégâts causés par l'homme sur notre planète. Après avoir soutenu Greenpeace et dénoncé le massacre des baleines, Renaud soutient aujourd'hui les défenseurs des ours et milite pour l'interdiction des corridas ; en fin de chanson, il va jusqu'à signaler le site des amis des taureaux : www.anticorrida.com. Renaud écrit désormais à l'heure d'Internet. Qu'il s'agisse de chansons pour Ingrid Betancourt, contre le tabac, la corrida, pour Leonard Peltier ou Greenpeace, l'auteur a systématiquement donné l'adresse des sites Internet.

Comme chacun le sait, Renaud a beaucoup chanté les femmes : les femmes de sa vie (Dominique, Lolita, Romane), mais aussi les autres, qu'elles soient sympathiques ou antipathiques, de Germaine à Miss Maggie, de la Pépette à l'institutrice socialiste, et tant d'autres. Malgré ses dénonciations de Jean-Marie Le Pen, dans ses chansons et dans sa vie de citoyen, il n'avait encore jamais évoqué la femme fasciste. Voilà qui est fait avec *Elle est facho*, paroles et musique de l'artiste. Portrait au vitriol d'une lepéniste blonde et prétendument aryenne, *Elle est facho* est le type même de chanson militante qui ravira une partie du public de Renaud. Chanson dont la chute peut laisser perplexe : la facho vote Sarko ! Au second tour, non ?

> *À part Brassens et les oiseaux*
> *Quoi écouter ?*
> *[...]*
> *À part la lumière de Doisneau*
> *Quoi regarder ?*

Deux débuts des cinq strophes de la chanson *Les cinq sens*. Plus qu'une chanson, un poème. D'autres que moi l'ont souligné : Renaud est l'un des rares artistes du XXe et du XXIe siècle dont l'on puisse *lire* les chansons. Un texte comme *Les cinq sens* peut se lire sans musique, ou bien s'écouter avec la musique d'Alain Lanty, fidèle complice de Renaud.

Chanson-fleuve

Répondant au fameux *Où c'est qu'j'ai mis mon flingue ?* de l'album *Marche à l'ombre*, chanson d'une rare violence – sans doute la chanson la plus guerrière de toute l'œuvre de l'artiste –, *J'ai retrouvé mon flingue* est une chanson-fleuve (vingt-cinq couplets et un refrain repris cinq fois !), un catalogue réfléchi des haines et des dégoûts de Renaud. D'entrée de jeu, il nous annonce que son « flingue » n'était qu'une métaphore de sa plume :

> *Ma plume est une arme de poing*
> *Mes mots parfois sont des grenades*
> *Dans ce monde cruel et crétin*
> *Ma guitare est en embuscade* [1]

Il est parti, il va « dégommer » à tout va, tout en précisant très vite qu'il sait fort bien que « jamais une chanson/N'a fait tomber un dictateur ». Voilà ce qui s'appelle être honnête. Ses cibles ? L'Amérique de Bush, « ses chiens de guerre/Et son putain d'ordre moral », les « putains d'églises à la con/Les évangélistes timbrés/Rabbins, ayatollahs, curetons », le nucléaire, le surarmement, le *charity business*, la télévision...

---

[1]. Le plus étonnant, c'est que la musique de ce brûlot soit signée Romane Serda (Romane Séchan à la ville), la femme la plus douce qui soit.

> *Avec l'horreur, ils font du fric*
> *Et avec la mort, de l'audience*
> *Notre époque est télé-merdique*
> *L'info remplace la connaissance.*

Bien vu... Tir nourri, qui n'épargne pas même la démocratie, ou plutôt, l'illusion de la démocratie :

> *Qui imagine changer l'histoire*
> *En votant pour quelques gangsters*
> *En déléguant tous les pouvoirs*
> *À des politiciens pervers.*

On est loin du Renaud écolo-socialiste. Le « vieil anar » (*Déserteur*) est de retour, *La teigne* revient.

Chansons tendres

Nos vieux, Malone, deux chansons tendres après la tourmente. Nos parents, le futur enfant de Renaud et de Romane, deux sujets bien éloignés du vacarme du monde. Voici nos chers parents par le poète évoqués :

> *Et si l'amour, c'est de l'hébreu*
> *Oh, sûr'ment pas pour eux*
> *Entre frangins, frangines, c'est affectueux*
> *On les appelle « nos vieux ».*

Et voici notre mère (*la* mère), esquissée avec les mots d'*Oscar*, Oscar, notre grand-père, naguère si bien chanté par Renaud :

> *La mère a les cheveux*
> *Entre le gris, le bleu*
> *Le ciel du nord nous dit quand il pleut*
> *Au fond de ses yeux.*

Performance : toutes les rimes sont en *e !*

Et puis voici *Malone*, Malone qui sera là en juillet 2006. Fille ou garçon, ce sera Malone :

> *Un prénom irlandais*
> *Une mère de partout*
> *Danoise, catalane*
> *Française malgré tout*
>
> *Un papa huguenot*
> *Et citoyen du monde*
> *Quelquefois parigot*
> *Aux racines vagabondes.*

Malone, c'est le pendant de *Pierrot*, le fils désiré qui fut... une fille. Cette fois-ci, Renaud n'a pas pris de risque. Un prénom masculin-féminin et le refus de connaître le sexe à l'avance.

À la Brassens

À travers *Filles de joie*, Renaud revisite son bon maître, Georges Brassens. Il y a une quarantaine d'années, celui-ci écrivait *La complainte des filles de joie.* À cette époque, « le plus vieux métier du monde » avait encore quelques lettres de noblesse, même si, déjà, comme le chante également Renaud, ces « filles/Qu'on dit "filles de joie" » subissaient la concurrence déloyale des bourgeoises dévergondées. Là s'arrête la comparaison entre les deux chansons. Les « *filles de joie* » de Renaud ne sont pas forcément celles qu'on croit :

J'en ai vu forniquer
Érotisme d'outre-tombe
Dans des piscines, filmées
Par TF1 l'immonde

Quel panard de s'adonner
Se vendre pour être exact
À Mougeotte, à Lelay
Qui offrent le spectacle.

Renaud sera-t-il encore invité sur TF1 ? Bien sûr. Seule compte l'audience, non ?

Maître ès mots

Musique de Renaud (il n'en aura jamais signé autant depuis *Putain de camion*), *Danser à Rome* est une chanson qui relève de l'exploit stylistique. Sur quatorze couplets, l'artiste a réussi à former huit anagrammes de Romane Serda (à commencer par *Danser à Rome)* et deux anagrammes de Romane

Séchan ! Depuis, il s'amuse (avec succès) à composer des anagrammes avec les noms de tous ses amis.

Renaud a toujours été un maître des mots, un champion des jeux de lettres. Plus qu'un autre, il aura montré, d'*Amoureux de Paname* à *Rouge Sang* qu'il avait le don – voir le génie – du jeu de mots, dans les deux sens du terme.

José, Lolita, Romane, Elsa, Leonard, Ingrid...
et Galilée.

Beaucoup de personnages dans ce deuxième CD, nommés ou évoqués. Il y a le paysan de *Pas de dimanches* (et l'on pense à Georges Brassens et à son *Pauvre Martin)*, chanson dédiée à José Bové et très joliment mise en musique par Alain Lanty.

Depuis deux mille ans tu te lèves tous les matins
Bien avant l'aube, pour t'en aller bêcher la terre.

Bien évidemment, Renaud est plus explicitement dénonciateur que Brassens, dont le « Pauvre Martin » s'en allait lui aussi « bêcher la terre ». Une chanson qui devrait plaire à la Confédération paysanne...

Depuis que Lolita est née, le 9 août 1980, pas un album de Renaud sans une chanson pour elle. *Adieu l'enfance* répond à *Mistral gagnant,* vingt ans après. Si l'on ne se remet jamais de son enfance, on ne se remet pas davantage de voir ses enfants quitter l'enfance... Dans son récent essai sur Renaud, Baptiste Vignol écrit joliment : « S'il porte sa nostalgie comme un flambeau, Renaud n'en fait pas pour autant son fonds de commerce. Il a d'autres chats à fouetter que de forer dans la mine aux bons sentiments. » Il a raison, Baptiste :

> *Abuser de la nostalgie*
> *C'est comme l'opium, ça intoxique.*

Deux vers du *Temps du tango*, de Jean-Roger Caussimon et Léo Ferré.

Jusqu'à la fin du monde, musique de Jean-Pierre Bucolo, est un hymne à Romane (ici nommée Romanovna, gentil sobriquet que je lui donnai naguère), à son évidente beauté. Chanson d'un lyrisme auquel Renaud ne nous avait pas habitués.

Par le propos, *Sentimentale mon cul !* est encore une chanson qui fait penser à Brassens. Le texte de Renaud est précédé d'un aphorisme de l'écrivain André Suarès, qui en dit assez long : « La foule est la bête élémentaire, dont l'instinct est partout, la pensée nulle part. » On songe au poète latin Horace : « *Odi profanum vulgus et arceo* » (« Je hais la foule profane et je m'en écarte ») ; puis à Brassens : « Dès qu'on est plus de quatre, on est une bande de cons » (*Le pluriel*). Eh oui, « le pluriel ne vaut rien à l'homme »... *Sentimentale mon cul !* dit tout le mépris de l'artiste pour les foules « anonymes »,

« manipulées ». Se sachant en porte-à-faux, Renaud a l'honnêteté de conclure par cette strophe :

> *Foule qui d'une seule voix*
> *Aussi pourrie que la mienne*
> *Assassine « Manu », « Morgane de toi »*
> *Pourvu qu'elle soit toujours là*
> *Dans ma tournée prochaine*
> *Ma foule sentimentale à moi.*

Belle, très belle chanson que *Elsa*, paroles et musique de Renaud. Chanson douloureuse, compassionnelle, comme l'était *Manu* dans un registre moins dramatique. Elsa, c'est la petite fan préférée de Renaud. Depuis des années, il communique avec celle qu'il considère presque comme une petite sœur. Elsa avait un grand-frère, Lucas. Il s'est suicidé à vingt ans ; pourquoi, grands dieux ? Il avait tout, Lucas, il était beau, il était très intelligent, il était artiste (pianiste virtuose). « Mais pour l'bonheur, savait pas faire. » Elsa l'a « r'trouvé dans la clairière/Là-bas/Pendu comme les bandits d'naguère ». Lucas a préféré la compagnie des étoiles à celle des hommes.

Depuis trente ans, Renaud a reçu des milliers de lettres de ses admirateurs. Parmi celles-ci, hélas, il y en eut maintes qui lui annonçaient le décès d'un de ses fans, le plus souvent dans un accident de voiture ou de moto. Combien de jeunes gens enterrés avec un bandana rouge autour du cou, au son de *Mistral gagnant* ou d'une autre chanson de l'artiste adulé ? Renaud en a toujours été très affecté. À ce sujet, il écrira pour Romane (dont le bel album sortira en janvier 2007) un texte superbe, *Dylan*, l'un de ces garçons dont la vie, un jour, se fracassa sur une route. *Elsa* s'achève par une émouvante dernière strophe :

> *Elsa*
> *Embrasse tes parents, ton p'tit frère*
> *Pour moi*
> *D'puis qu'Lucas s'est foutu en l'air*
> *J'ose pas*
> *Vous dire à quel point vous m'êtes chers*
> *Mais ça*
> *Ça chang'ra pas l'cours des rivières*
> *Pour toi.*

Dans la veine de *Morts les enfants*, *Pondichéry*, est avant tout une chanson sur la détresse du tiers-monde et le honteux gaspillage des richesses naturelles (l'eau en particulier) pratiqué par les Occidentaux. Chanson écolo-anarchiste « Marxisme et capital/Corollaires l'un de l'autre/C'est la même lutte finale/Nos gueules avant les vôtres »), *Pondichéry* est un cri de révolte.

Métriquement construite comme *Marchand de cailloux*, à peu de choses près, *À la téloche* fera grincer quelques dents. Dénonciation en règle de la télé-poubelle, de la télé tout court, *À la téloche* est une chanson typiquement renaudienne, une charge un peu excessive dont l'écriture est parfaitement maîtrisée.

Renaud se chante. Ses textes n'appartiennent qu'à lui. Jusqu'ici, deux exceptions : *La chanson du loubard*, petit chef-d'œuvre de Muriel Huster (la sœur de…), un texte taillé sur mesure pour Renaud, et *Soleil immonde*, pastiche de Capdevieille écrit par Coluche, un texte amusant mais qui ne méritait peut-être pas d'être enregistré par Renaud. *La chanson du loubard, Soleil immonde* : un choix judicieux, un geste amical.

Et voici que l'artiste, pour la troisième fois, interprète une chanson qu'il n'a pas écrite. Il s'agit de *Rien à te mettre*, paroles et musique de Benoît Dorémus, un auteur-compositeur-interprète que Renaud envisage de produire. Très honnête, le texte du dénommé Dorémus est éminemment « rénaldien » (l'expression, étymologiquement logique, est de Baptiste Vignol), ce qui explique, me semble-t-il, que Renaud ait décidé de l'interpréter.

Les plus noires de ses « années noires », Renaud les a passées à La Closerie des Lilas, « La Close » pour les intimes, ce bar de Montparnasse que tant d'artistes fréquentèrent et fréquentent encore. Ces années-là, « La Close » avait deux « princes des poètes », Renaud et Roda-Gil. Étienne nous ayant lâchement quittés pour aller s'accouder au zinc du « bistrot du ciel », ne reste que Renaud, sobre désormais, sobre depuis Romane, princesse salvatrice. En souvenir des jours mauvais, en mémoire des beaux jours, Renaud nous a écrit une belle chanson : *À la Close*. En cinq couplets et quatre refrains dont les premiers vers varient, l'artiste nous résume l'histoire de La Closerie. Il ne pouvait terminer sa chanson que par cet aveu :

C'est dans ce bel endroit inconnu des blaireaux
Que je t'ai rencontrée, mon amour, ma beauté
Pour toi, j'ai retrouvé le joli goût de l'eau
Renoncé pour toujours au poison anisé.

J'ai bien peur que ce « bel endroit » ne soit plus très longtemps « inconnu des blaireaux »...

Non, *Leonard's song* n'est pas une chanson sur Leonard Cohen, le poète canadien que Renaud et moi-même admirons sans restriction. Leonard, c'est Leonard Peltier, un Indien d'Amérique emprisonné depuis trente et un ans aux États-Unis pour un crime qu'il n'a (peut-être) pas commis. Son procès a été entaché d'irrégularités mais la justice américaine refuse de revenir sur le premier jugement. *Leonard's song* est un long plaidoyer pour celui qui fut « jeté en cage », ainsi qu'un long réquisitoire contre ce peuple prétendument civilisé qui commit le premier génocide de l'Histoire. Huit millions d'Indiens massacrés, quelques milliers de survivants « bien gentiment/ Parqués comme bétail ».

Ce peuple de barbares
Ce pays blanc et noir
A construit son pouvoir
Sur le sang des Cheyennes

Mais les livres d'Histoire
Ont perdu la mémoire

> *Pas un mot à la gloire*
> *De ces nations indiennes.*

Leonard's song est un cri, un cri de guerre mais aussi un beau témoignage de fraternité.

Écrite à Bruxelles le 26 avril 2006, vingt ans jour pour jour après la catastrophe de Tchernobyl, *26 avril (sombre aurore)* évoque l'apocalypse nucléaire que l'on nous prépare :

> *... Fallait être pervers*
> *Pour inventer ce feu d'enfer*
> *Qui fera demain sur la terre*
> *Tomber un éternel hiver...*

Très bon, mais pas gai...

Étrange chanson que *Je m'appelle Galilée*. Chanson très écrite dont la magnifique musique est signée Jean-Pierre Bucolo. S'apparentant à un blason, ce genre poétique qui consiste à décliner, à partir du visage, toutes les parties du corps féminin. *Je m'appelle Galilée* pourra choquer les puritains de tout poil – dont je fais partie. Renaud célèbre les « courbes splendides » de son aimée. Il parle donc de ses « seins de Cariatide » (belle image), descend vers son « incroyable ventre/Plus vibrant et tendu que la peau d'un tambour », puis vers son « mont de Vénus » (la fameuse « origine du monde » de Gustave Courbet), et sa « sonde voyageuse » achève sa course en un endroit « que, rigoureusement, ma mère/M'a défendu d'nommer ici » (Georges Brassens, *Le gorille).*

C'est ici que s'achève *Rouge Sang*, ce beau double album que Renaud s'en ira chanter en province à partir du 23 février (date volontairement choisie par l'artiste puisque ce sera le cinquième anniversaire de la détention d'Ingrid Betancourt), puis à Paris, du 27 au 30 mars à... Bercy ! De la Pizza du Marais à Bercy... Trente ans... Parcours sans faute.

Tous les honneurs

Longtemps boudé par le métier, snobé pas une certaine critique dite « de gauche », Renaud, depuis *Boucan d'enfer*, a reçu tous les honneurs. Outre ses trois Victoires de la musique et ses deux NRJ Awards, Renaud se vit remettre la Médaille de Vermeille de l'Académie française.

En 2005, sautant la case « chevalier », Renaud fut fait « officier des Arts et des Lettres » par M. Donnedieu de Vabres, ministre de la Culture protestant mais... de droite ! En présence de sa famille et de ses amis les plus proches, il reçut sa médaille des mains émues de Pascal Sevran, à l'Hôtel de Ville de Paris, sous le regard attendri de Bertrand Delanoë, notre bon maire.

Fin 2005, immense honneur, Renaud fit son entrée dans le Petit Larousse.

Le 1er janvier 2006, au classement des personnalités préférées des Français, publié chaque semestre par *Le Journal du dimanche*, Renaud se classait à la troisième place, derrière Yannick Noah et Zinedine Zidane. Black, blanc, beur : la France qui gagne !

Enfin, suprême honneur, à la suite d'un sondage effectué par La Poste auprès de sept cent mille philatélistes, Renaud recevait, en juin 2006, une série de timbres à son effigie. À la question « Quel est votre auteur (toutes catégories confondues) préféré ? », les philatélistes avaient répondu Renaud. Bien évidemment, le timbre ne fut pas commercialisé car, pour cela, il faut être mort, et l'artiste n'est pas pressé...

Et voici que s'achève le roman inachevé de Renaud. Tournons la page, mais bien des pages restent à écrire. À moins qu'il ne parte avant moi (ce qui ne serait pas très élégant de sa part), je ne parlerai plus. « Le poète troyen est mort, la parole est au poète grec [1]. »

---

1. *Tatatssin parole de Renaud*, Éditions Tournon, Paris 2006, Jean Giraudoux, *La guerre de Troie n'aura pas lieu*.

ÉPILOGUE
EN FORME DE MUR
DES LAMENTATIONS

Depuis mon premier *Roman de Renaud*, publié chez Seghers en avril 1988, puis en « Points Seuil » en mai 1989, jusqu'à *Bouquin d'enfer* et cet ouvrage-ci, je crois avoir écrit tout ce qu'il m'était *possible* d'écrire sur cet artiste hors-pair qui se trouve être mon frère, avec un œil parfois critique, mais toujours dans le respect de sa vie privée, avec une admiration sincère et une tendresse fraternelle. Aujourd'hui, je l'ai dit, il est temps pour moi de passer la main. D'autres que moi se chargeront d'écrire – pour le meilleur et pour le pire – les chapitres suivants de cette histoire qui va se poursuivre longtemps.

Ma liberté de penser

Pour être honnête, je vous avouerai n'avoir jamais vraiment aimé écrire sur Renaud. Non parce qu'il est mon frère, mais parce qu'il est vivant. Écrire sur les morts, c'est tout de même plus reposant. De son humble tombeau de Sète, Brassens ne m'a pas contredit lorsque j'écrivis *Georges Brassens, histoire d'une vie* [1]. Richard Brautigan, immense poète américain auquel je consacrai naguère un petit essai amoureux et sensible [2], n'a jamais contesté l'idée que j'avais de lui et de son œuvre. Surtout, du fond de leur tombeau, l'un et l'autre n'ont pas continué à écrire ! Renaud, lui, a bien l'intention de continuer, même s'il est parfois tenté de « tout arrêter » (titre d'une de ses chansons) et de ne se consacrer qu'à sa femme, à ses enfants et à ses nombreuses passions. *Work in progress.* L'œuvre n'est pas close, elle continue, elle est en cours. Autant dire que je n'aurai écrit que des biographies provisoires, donc inutiles. On dit que « les morts se comptent à la fin ». Les mots aussi. Que vaudra l'œuvre de Renaud *à l'arrivée* ? Que retiendra-t-on de son probable demi-siècle de chansons ? Sa postérité atteindra-t-elle le XXIIe siècle ? *Chi lo sa ?* Brassens disait :

« Une très bonne chanson, c'est une chanson qui dure quelque temps, voilà. Qui dure vingt ans,

---
1. J'ai lu, mars 1993.
2. Le Castor Astral, avril 2003.

vingt-cinq ans, ou parfois plus [1]. » Oui, « parfois plus », et le poète sétois en est la preuve. Vingt-cinq ans après sa mort, en 1981, « tonton Georges » est toujours aussi populaire, même si ce monument de la chanson ne fut jamais, à proprement parler, « populaire ». Disons qu'il a toujours autant d'admirateurs. Et Piaf, donc ! Morte en 1963 et toujours aussi vivante dans le cœur des Français ! Renaud devrait traverser le temps aussi bien que ces deux géants.

Mon ambivalence

Qu'en est-il de mon rapport à Renaud, mon frère cadet et mon chanteur préféré (juste après Brassens) ? Eh bien, disons que, depuis trente ans, je nourris à son égard des sentiments ambigus, ambivalents. Nos vingt-cinq premières années furent idylliques, l'exemple parfait d'une entente parfaite entre deux frères dont l'humour et la sensibilité étaient assez proches. Nous avons partagé les mêmes jeux, puis les mêmes convictions politiques, parfois les mêmes petites amies. Souvent, nous avons fait les mêmes voyages – en Grèce, notamment.

Son succès, aussi rapide que fulgurant, me déstabilisa. Pas en tant que frère (contrairement à d'autres, je me réjouis toujours de la réussite de mes proches, et je suis sincère), mais en tant que frère

---

1. *Les Lettres Françaises*, janvier 1967.

écrivain. Je compris très vite que notre ressemblance, notre fausse gémellité, allaient provoquer un mélange des genres et *fausser* – précisément ! – le regard que l'on porterait désormais sur moi. Je m'attendais au pire, je ne fus pas déçu. Plus la renommée de Renaud s'accroissait, plus sa gloire s'affirmait, plus mon identité s'effondrait ; bientôt, l'écrivain Thierry Séchan ne fut plus que « le frère de Renaud ». Bientôt, je ne sus plus qui aimait Thierry Séchan et qui aimait « le frère de Renaud ». Pour les filles, j'avoue que je ne m'en plaignis pas. Combien d'entre elles couchèrent avec Thierry Séchan, et combien avec « le frère de Renaud » ? Au bout d'un moment, je décidai de ne plus même y penser. Je prenais ce qui était à prendre, sans état d'âme. Cependant, quelle souffrance ! Tout en l'aimant, tout en l'admirant, j'en arrivais parfois à le détester, à détester mes chers parents qui m'avaient donné un frère cadet en forme de jumeau. Depuis trente ans, combien de fois aurai-je entendu : « C'est Renaud ! » ou « On dirait Renaud ! » Pire. Combien de fois m'a-t-on demandé : « On vous a déjà dit que vous ressemblez à Renaud ? » La concordance des temps, ils n'en ont jamais entendu parler, les gens. Et moi de sourire gentiment, de répondre par une ânerie du genre : « Non, c'est juste la dix millième fois. »

Le devoir du miroir

Le devoir du miroir, c'est de réfléchir. Si je renvoie l'image de Renaud, ce n'est point par goût, mais, j'insiste, par la force du destin. J'ai bien réfléchi, trente ans durant, à cette mauvaise blague génétique qui fit de moi, l'aîné, le cadet de mon cadet, tant la puissance et la gloire peuvent inverser les valeurs les plus naturelles.

Comment accepter de ne pas être soi, mais une doublure déchirée entre la tentation de l'exil et la farouche volonté de l'affirmation identitaire ? Il m'eût été loisible de choisir la distance, voire une feinte indifférence. Mais j'aimais mon frère et j'aimais la chanson... Aussi, à trente ans, décidai-je d'en faire mon métier, fortement encouragé par Renaud, qui avait lu mes premiers textes. Cependant, je m'interrogeais et m'interroge encore : pourquoi exercer une quelconque activité artistique si l'on n'a pas l'intime conviction d'être le meilleur – comme Renaud est le meilleur dans sa partie ? S'agissant de l'écriture de chansons, je m'inscrivais et m'inscris encore dans la lignée d'Étienne Roda-Gil.

J'écrivis *Fille de feu* pour Julien Clerc, *Pleure doucement* pour Elsa, *Qui sait ?* pour Daniel Lavoie, *Vole ta vie* pour Romane Serda... et tant d'autres textes pour tant d'autres artistes, de très bons et de très médiocres (les textes et les artistes). Or, je ne supporte pas la médiocrité. C'est pour cette raison qu'en

1992, j'écrivis *Nos amis les chanteurs* [1], sciant inconsciemment la branche sur laquelle j'étais assis. Le succès de mon pamphlet fut retentissant et fit que l'on m'admira, mais aussi que l'on me détesta. « Plus d'ennemis, plus d'honneur », me dis-je alors. Et je me le dis encore aujourd'hui.

Aujourd'hui, j'écris à nouveau des chansons. Étienne Roda-Gil, l'ami catalan, ayant eu le mauvais goût de disparaître avant l'heure, il m'appartient, me semble-t-il, de reprendre le flambeau. Nous verrons. Être un grand parolier – autant dire un poète – voilà une noble ambition, d'autant qu'il n'y a plus de grands paroliers en France, ou Renaud pour Romane.

S'inscrire dans la continuité de Paul Fort ou d'Aragon (paroliers malgré eux), de Bernard Dimey ou de Roda-Gil (morts tous les deux), voilà le rêve.

Écrire des bluettes, des textes sans la moindre résonance poétique, des niaiseries populistes comme *Ma liberté de penser* (de penser *quoi* ?) de Lionel Florence, un faiseur parmi d'autres, voilà le cauchemar.

Tout est permis

Mais revenons à Renaud, Renaud qui aura été, malgré tout, le sujet majeur de cet ouvrage mineur. Renaud mérite-t-il toute l'attention qu'on lui prête ?

---

1 Trois volumes aux Éditions Les Belles Lettres.

A-t-il vraiment l'importance culturelle et sociale que certains lui confèrent ? Je suis tenté de le croire. Renaud demeure la voix de ceux qui n'ont jamais la parole, et ses chansons reflètent bien l'époque désespérante dans laquelle nous vivons. « Quand les hommes vivront d'amour/Ce sera la paix sur la terre/Les soldats seront troubadours/Mais nous, nous serons morts, mon frère. » Nous aussi, nous serons morts, cher Raymond Lévesque, car le jour où les hommes vivront d'amour, les dentistes ne chômeront pas, avec toutes ces poules qui auront des dents... Renaud ne se berce pas d'illusions. Et pourtant, à raison, il a chanté et il chante l'amour, l'amour de Dominique, de Lolita, de Romane et de Malone (dans l'ordre chronologique), mais aussi l'amour « des oiseaux/Des baleines, des enfants/De la terre et de l'eau « (*Déserteur*) et, plus largement, de l'humanité souffrante et menacée. Naïveté ? Peut-être. Mais « si Dieu n'existe pas, tout est permis », écrivait Dostoïevski. Il semblerait que tout soit permis, même d'espérer.

REMERCIEMENTS

Merci à Renaud pour sa relecture critique, attentive et fraternelle. Merci à Romane pour ses suggestions pertinentes et bienveillantes. Merci à ma mère pour son affectueuse collaboration. Merci à David Séchan pour sa belle préface. Merci à Jean-Paul Bertrand pour l'aide qu'il m'apporta naguère et pour m'avoir proposé d'écrire ce nouveau « roman de Renaud ». Merci à Stéphane Loisy, mon ami et mon directeur de collection, pour ses encouragements et sa patience. Merci à Liz Kieny pour la mise en forme de mon manuscrit. Merci à tous mes lecteurs, qui me font vivre.

ANNEXE

THIERRY SÉCHAN
PARIS-MATCH
DU 11 AU 17 AOÛT 2005

Le 5 août 2005, à 15 heures, Renaud et Romane se disent oui à la mairie du village d'enfance de Romane, dans la Drôme provençale. Dans une salle exiguë qui contient à grand-peine les nombreux invités du couple, M. le Maire, Philippe Cahn, déclare Renaud Séchan et Romane Serda unis par les liens du mariage. Peu accoutumé à marier des célébrités, M. le Maire – qui a vu grandir Romane – semble presque aussi ému que la mariée, radieuse dans sa robe signée Celestina Agostino. Une robe un peu « gipsy », brodée de perles fines et de dentelles anciennes, travaillée jusqu'au dernier moment par les « petites mains » de la grande styliste.

Pour témoins, Renaud a choisi le comédien Philippe Bruneau, l'un de ses plus anciens amis (ils se sont connus en 1972, au Café de la Gare de Coluche et Romain Bouteille), et Gilbert Rozon, le vieux *chum* québécois, créateur du festival « Juste pour rire », naguère producteur de Charles Trenet et aujourd'hui de Laurent Ruquier, de Brachetti et de beaucoup d'autres. Romane, elle, n'a voulu qu'un seul témoin : Marion, sa sœur de cœur dont elle parle dans une de ses plus jolies chansons, *Petite sœur*.

Après le mariage civil, direction l'église romane du village, sous la protection d'un imposant service de sécurité. Plus que les débordements de leurs fans, Renaud et Romane redoutent... la presse ! Sur le parvis, ils sont accueillis par le père Thézier et la pasteure Lise Lavallée (qui semble tenir à la féminisation orthographique de sa fonction), de l'Église réformée d'Avignon. Fidèle à ses origines huguenotes, Renaud a désiré ce mariage protestant, auquel Romane se prête de bon gré. Et puis le symbole est fort : un maire juif, une église catholique, un rite protestant. L'absence d'un témoin musulman est compensée par l'arrivée de Mourad Malki, l'ami kabyle qui avait demandé à Renaud de devenir son guitariste en 1977, à l'époque d'*Hexagone* et de *Laisse béton*.

Soudée par ce bel œcuménisme, l'assemblée est recueillie. Renaud et Romane n'ont pas voulu d'un mariage « paillettes et strass », d'un mariage « show-business ». Sur la centaine d'invités, la moitié est de la famille. Compagnons des jours de galère ou copains des heures de gloire, les autres appartiennent au cercle des vrais amis.

Côté famille, les Séchan et apparentés sont largement majoritaires. Notre mère, 83 ans, est fière de voir réunis ses trois fils, Renaud, David et moi-même, et ses trois filles, Christine, Nelly et Sophie. Les premiers sont accompagnés de leurs femmes, les secondes de leurs maris, et tous sont entourés de leurs enfants et petits-enfants. Lila, ma fille de 20 mois, est la plus jeune mais non la moins turbulente. Étrangement, toute cette joyeuse smala se montrera très sage pendant l'office religieux.

Seule Lolita, la fille de Renaud, n'est malheureusement pas là. Elle voyage au Vietnam avec sa maman, mais, que l'on se rassure, l'entente n'a jamais été aussi forte entre le père et la fille : il vient d'écrire une nouvelle chanson sur elle, *Adieu, l'enfance*, qui figurera sur son prochain album.

La maman de Romane, Dominique, qui lui a légué ses traits fins et racés, et son beau-père, « Colo », qui l'a élevée comme sa propre fille, sont évidemment à ses côtés. Il y a aussi ses deux grands-mères, ses tantes, ses cousins et ses sœurs, Lolita et Sophie.

Dans les rangs des copains, les musiciens sont assez nombreux pour former un orchestre symphonique. Outre Jean-Pierre Bucolo, vieux complice de Renaud et principal artisan du succès de *Boucan d'enfer*, on reconnaît notamment Alain Lanty, Jean-François Berger, Michaël Ohayon, Meivelyan Jacquot, Sohel Tir et Frédo Wentrich, les accompagnateurs habituels de Renaud et Romane.

Presque indissociable de Renaud, Hugues Aufray, l'Ardéchois, est venu en voisin, comme Michel Drucker qui a emmené avec lui sa chienne Olga.

Tout en cultivant le jardin de sa belle maison d'Eygalières, dans les proches Alpilles, Michel s'occupe des chiens perdus, comme il s'est occupé de Renaud lorsque celui-ci était un chanteur abandonné...

Alain-Dominique Perrin, le P.-D.G. de Cartier, ami des arts et des artistes, a également fait le voyage. Sa faconde et sa simplicité ont immédiatement séduit tous les invités.

Au son de la *Marche nuptiale*, les mariés, qui ne peuvent retenir une larme d'émotion, entrent tour à tour dans l'église. Les gens du village, qui connaissent tous Romane depuis toujours, s'installent derrière les témoins et les invités. La pasteure lit des versets de l'Ancien Testament et des Évangiles. Renaud et Romane écoutent avec recueillement ces paroles d'amour. En état de grâce, sans doute retracent-ils d'un même cœur le chemin semé de ronces et de roses qu'ils ont parcouru ensemble pendant cinq années. Un chemin qui, parti de La Closerie des Lilas, les a menés à cette église. Lorsque Romane a rencontré Renaud dans son « bistrot préféré », il était encore Renard. Ils se sont parlé, ils se sont aimés, et soudain Renaud s'est senti plus léger. Depuis trois ans, les tourtereaux ne se quittent plus, pas même d'une semelle de santiag. Renaud a produit le premier album de Romane, un bel album qui a obtenu un succès mérité. Aujourd'hui revenu de l'enfer, Renaud peut réciter Baudelaire : « Mon âme par toi guérie,/Par toi, lumière et couleur !/Explosion de chaleur/Dans ma noire Sibérie ! »

Avant que les nouveaux mariés n'échangent leurs « promesses », Romane cite cet extrait du *Journal* d'Anaïs Nin : « Le seul alchimiste capable de tout changer en or, c'est l'amour. » L'amour plus fort que la mort, l'amour pour unique raison, unique déraison, unique guérison du mal d'amour. Renaud ne pourra plus chanter « Cœur perdu ». Son « cœur à prendre, pas à vendre, à donner », Romane le lui a pris, il le lui a donné.

Et puis il y eut les chansons, les deux morceaux choisis par les mariés de la chanson. Romane fit jouer *Halleluiah*, de Leonard Cohen, interprété par Jeff Buckley : « Ta foi était solide mais il te fallait des preuves./Tu l'as vue se baigner sur la terrasse/Ta beauté et le clair de lune l'ont vaincue. » Oui, Renaud a été vaincu par la beauté de Romane.

N'ayant pas trouvé chez son bon maître Brassens une chanson de circonstance, Renaud a fait appel à Aragon-Ferrat, avec le splendide *Que serais-je sans toi ?* : « Que serais-je sans toi/Qui vins à ma rencontre/Que serais-je sans toi/Que ce balbutiement ? » Oui, que serait-il devenu sans Romane ? Serait-il encore l'esclave de l'absinthe, la « sorcière verte » chantée par Verlaine ? C'est probable.

Après la cérémonie religieuse, les mariés et leurs invités se dirigent vers la proche propriété des parents de Romane, où les attend un grand dîner en plein air. Au dessert, les jeunes époux s'offrent leurs cadeaux : une superbe guitare folk pour Romane, un diamant d'oreille pour Renaud. Le « chanteur énervant » peut enfin se défaire de la vieille boucle d'oreille qui l'apparentait – un peu trop à son goût ! – à Florent Pagny et Bernard Lavilliers.

Tout avait commencé par des chansons et, bien sûr, comme toujours en France, tout finira par des chansons. Pour une fois, aucun des musiciens mis à contribution ne songe à réclamer un cachet ! Romane donne le ton en interprétant *Anaïs Nin* en duo avec Renaud. « Ma vie est un exil », chante Romane-Anaïs. Et Renaud-Henry Miller répond : « Anaïs Nin/A le diable au cœur/La douleur assassine ». Suivent d'autres titres de l'album de Romane, auquel Renaud et moi avons grandement collaboré : *Vole ta vie, Quelque chose entre nous, Tu vois, Petite sœur...* Puis c'est au tour de Renaud, qui a beaucoup fumé et un peu bu, de maltraiter quelque peu *Mistral gagnant* avant d'entonner son célèbre *Dès que le vent soufflera*, histoire d'annoncer Hugues Aufray. Toujours impeccable, celui-ci régale l'assistance avec *Le petit bonheur* et *Bozo*, deux extraits de son dernier album, *Aufray chante Leclerc*, avant d'attaquer les inoxydables *Stewball* et *Santiano*.

La fête s'achève vers 3 heures du matin, mais les convives se retrouveront pour une nouvelle soirée qui, cette fois, se déroulera chez les nouveaux époux, à quelques kilomètres de L'Isle-sur-la-Sorgue, la patrie de René Char.

Rendez-vous au lendemain mais aussi à l'automne, où Romane se produira à Paris (à L'Européen, les 5 et 12 décembre), puis dans de nombreuses villes de

France et de Belgique. Et, bien sûr, rendez-vous en 2006, avec un nouvel album de Renaud, puis un deuxième album de Romane. Celui de la maturité, entièrement écrit par Renaud sur des musiques de Romane.

Mais peut-être ne faudra-t-il pas attendre jusque-là pour apprendre une grande et heureuse nouvelle. D'après la plus belle des « promesses » faites à Romane par Renaud, il est clair que celui-ci se prépare à écrire un nouveau « Pierrot, mon gosse, mon frangin, mon poteau »... À moins que ce ne soit une deuxième princesse... De toute façon, a-t-il annoncé, ce sera « un enfant de l'amour » qu'il donnera pour petit frère ou petite sœur à Lolita.

On n'a pas fini d'entendre parler des mariés de la Drôme provençale...

TABLE DES MATIÈRES

PRÉFACE de David Séchan 11

PROLOGUE en forme d'interrogatoire de police .. 15
    I. Premiers pas dans la vie 19
    II. Premiers pas dans la chanson 81
    III. À pas de géant 117

ÉPILOGUE en forme de mur des Lamentations 197

REMERCIEMENTS 205

ANNEXE 207

Cet ouvrage a été imprimé par la
SOCIÉTÉ NOUVELLE FIRMIN-DIDOT
Mesnil-sur-l'Estrée
pour le compte des Éditions du Rocher
en septembre 2006

Éditions du Rocher
28, rue Comte-Félix-Gastaldi
Monaco

Imprimé en France

Dépôt légal : septembre 2006
CNE Section commerce et industrie Monaco : 19023
N° d'impression : 81054